循环经济系统超越边界问题研究

刘长灏　著

中国环境出版集团·北京

图书在版编目（CIP）数据

循环经济系统超越边界问题研究 ／ 刘长灏著.
北京：中国环境出版集团，2024. 10. － － ISBN 978-7
-5111-5985-4

Ⅰ. F124.5

中国国家版本馆 CIP 数据核字第 202482AF56 号

责任编辑 侯华华
封面设计 宋 瑞

出版发行 中国环境出版集团
　　　　　（100062 北京市东城区广渠门内大街 16 号）
　　　　　网　　址：http：//www.cesp.com.cn
　　　　　电子邮箱：bjgl@cesp.com.cn
　　　　　联系电话：010-67112765（编辑管理部）
　　　　　发行热线：010-67125803，010-67113405（传真）
印　刷　玖龙（天津）印刷有限公司
经　销　各地新华书店
版　次　2024 年 10 月第 1 版
印　次　2024 年 10 月第 1 次印刷
开　本　787×960　1/16
印　张　12
字　数　180 千字
定　价　60.00 元

中国环境出版集团郑重承诺：

中国环境出版集团合作的印刷单位、材料单位均具有中国环境标志产品认证。

前　言

　　循环经济为人类实现可持续发展提供了创新的发展理念和发展模式。在新的时代背景下，循环经济在破解资源环境约束、提升资源利用率、应对气候变化、推进社会经济发展绿色转型等方面越发显现出重大的战略意义和实践价值。加快推动循环经济发展，已成为重大国际议题。我国高度重视发展循环经济，在加快建设生态文明、实现"双碳"目标、保障国家资源安全的大局中，发展循环经济的战略定位进一步强化。党的二十大报告明确提出加快构建废弃物循环利用体系的重要任务，这是我国对进一步发展循环经济作出的重大决策部署。我国要更加系统地推进循环经济发展，使循环经济向更大范围拓展，立足全球循环经济发展的趋势及我国在推动循环经济发展中的重要任务，总结循环经济实践经验，提炼共性的理论问题，深化对循环经济发展规律的认识，从而指导循环经济实践不断深入。

　　本书在系统查阅文献的基础上，从系统边界的视角对循环经济系统发展中的共性问题——循环经济系统超越边界问题展开研究，从多学科的角度，在该问题的理论基础和内涵、驱动因素和驱动机制、表征模型、障碍因素的综合评价等方面进行研究，构建循环经济系统超越边界问题的理论框架和方法体系，并结合典型案例进行实证分析。该问题的研究，有助于为循环经济向更大范围扩展及构建废弃物循环利用体系奠定理论基础，进一步丰富和完善循环经济理论，为循环经济系统的管理和决策提供依据，从而推动循环经济实践不断深入，具有重要的理论意义和实践意义。本书的研究内容主要包括以下5个方面。

（1）通过对相关文献的深入研究发现，系统边界问题是循环经济系统发展中面临的一个重要问题。在循环经济实践中，超越边界是循环经济系统发展的客观规律。随着循环经济领域研究的深入，超越边界、向更大范围扩展的问题已成为该领域研究者日益关注的重要问题。系统边界是这一问题的重要研究视角和切入点。然而，已有的研究仍限于问题的提出，缺乏实证支持，需要进行更为系统和深入的研究。

（2）以循环经济系统的实践为基础，综合运用产业生态学、循环经济理论、系统论、组织科学等相关理论，对循环经济系统边界的基础理论进行研究。基于系统边界的相关原理，对循环经济系统边界的具体作用进行归纳。结合循环经济系统的特征，从循环经济系统的内部和外部两个视角对循环经济系统边界进行定义和划分。依据组织理论确定组织边界的相关指标，从循环经济系统成员的特征、系统成员之间的关系和系统成员的活动3个方面阐述确定循环经济系统边界的标准。基于组织身份理论，进一步分析阐释循环经济系统组织身份的核心性、独特性和持久性，以及循环经济系统边界运行的机制。

（3）分析循环经济系统超越边界的内涵，提出本研究中的循环经济系统超越边界是指循环经济系统超越自身已有的边界，与系统外部建立产业共生关系的现象。识别新的产业共生关系可被视为循环经济系统超越边界的前提和基础。阐释了循环经济系统超越边界与演进的关系，指出循环经济系统超越边界是循环经济系统演进的基本途径和重要特征；循环经济系统的演进通常表现为一个循环经济系统超越边界的动态发展过程。从循环经济系统超越边界的视角来研究循环经济系统，有助于更为深入系统地揭示循环经济系统演进的特征和本质。基于组织身份理论、制度同构理论和市场机制，结合循环经济实践的特征，系统阐释和构建了循环经济系统超越边界驱动机制的理论框架，并指出在实践中循环经济系统的超越边界是基于多种机制的综合作用实现的。从资源、政府、经济、企业、技术和社会6个方面，对与循环经济系统超越边界相关的驱动因素进行归纳分析。

（4）运用系统动力学方法，设置情景分析，建立了定量揭示循环经济系统超越边界演进过程的模型。模型的建立包括明确建模目的、循环经济系统因果关系分析、建立循环经济系统超越边界演进过程的存量流量图、建立数学方程、模型优化、循环经济系统仿真和结果分析6部分。选择典型循环经济系统进行实证研究，揭示了案例循环经济系统在演进过程中，与其他情景相比，当前情景下产业共生关系的建立能够有效降低系统内的能源消耗、固废存量及废水存量；同时，共生效益总体呈上升趋势，说明超越边界的产业共生关系的建立有利于循环经济系统朝着环境效益与经济效益双赢的方向发展。此外，将驱动机制和驱动因素的概念框架纳入模型的结果分析，从定性的角度全面识别和分析了驱动机制与驱动因素对循环经济系统超越边界演进过程的影响。

（5）提出了循环经济系统的边界障碍问题，将制约循环经济系统建立超越边界产业共生关系的障碍称为循环经济系统的边界障碍。对与循环经济系统边界障碍相关的因素进行了归纳分类，包括政府障碍、经济障碍、技术障碍、组织障碍、信息障碍、认知与动机障碍、安全障碍7个大类，又将每一大类的障碍分为若干小类。在此基础上，研究构建了综合层次分析法（AHP）和优劣解距离法（TOPSIS）的群体决策模型（Group AHP-TOPSIS Model），用以系统评价循环经济系统的边界障碍。选择化工行业的循环经济系统作为案例对模型进行了实证研究。最后，结合实地调研和实证分析中的具体障碍因素，进一步提出了消除循环经济系统边界障碍的对策。

在本书出版之际，诚挚地感谢杨天、崔华、叶瑾汶为本书所做的工作，感谢刘伟峰老师对本书的建议和帮助，感谢国家自然科学基金项目（41471458）的资助。

循环经济系统超越边界问题是一个复杂的研究课题。本书的研究内容，希望能够抛砖引玉，吸引更多学者关注该问题的研究，不断推进该问题理论和方法的完善。另外，循环经济系统超越边界问题是一个涉及产业生态、循环经济、系统科学、组织科学等多学科交叉的研究课题，鉴于作者水平和精力有限，书中难免存在不妥之处，敬请读者不吝指教。

刘长灏

2024 年 6 月

目　录

第 1 章

概　述

1.1　研究背景、目的和意义

1.1.1　研究背景

当前，发展循环经济已成为全球共识。循环经济不仅在破解资源环境约束、提高资源利用率方面发挥了重要作用，在应对气候变化、提升经济竞争力、推进社会经济发展的绿色转型等方面也具有至关重要的作用。加快推动循环经济发展成为全球重大的国际议题。联合国指出，当前世界迫切需要向循环经济转型（沈小晓　等，2023）。世界经济论坛专门成立了循环经济全球议程理事会，将循环经济作为第四次工业革命的重要内容在全球各国推进（诸大建，2017）。世界主要经济体普遍将循环经济提升到战略层面，通过制定国家或区域循环经济行动计划，加快推进循环经济的布局。2020 年，欧盟发布了新版《循环经济行动计划》，旨在推动欧洲循环经济由领军国家向更大范围拓展并引领全球循环经济的发展（宋爽　等，2023；廖虹云　等，2020）。2019 年，法国发布了国家循环经济路线图（FREC），以促进本国实现联合国 2030 年可持续发展目标（SDGs）中可持续生产和消费的相关目标。德国在发展战略上将循环经济确立为实现 2045 年温室气体净零排放的重要路径。2016 年，荷兰制定了"循环经济 2050"计划，提出到

2050 年实现 100%循环经济的战略目标。2018 年，丹麦发布了新的循环经济发展战略，提出政府将投资 1 600 万欧元用于支持 15 项循环经济的具体措施。在实践中，发展循环经济成效显著。例如，欧盟通过发展循环经济，资源产出率不断提升，创造了新的就业机会，减少了温室气体排放量，从而有效推动欧盟经济的绿色低碳转型，进一步提升了欧盟的经济竞争力。

我国高度重视发展循环经济，是全球循环经济发展成效最显著的国家之一（宋爽　等，2023；廖虹云　等，2020）。习近平总书记强调，发展循环经济是提高资源利用效率的必由之路。我国政府在推动循环经济的发展过程中发挥了关键作用。我国于 20 世纪初引入循环经济的理念，2005 年印发的《国务院关于加快发展循环经济的若干意见》首次明确提出了我国推动循环经济发展的指导思想、基本原则、主要目标、重点任务和政策措施，并指出要加强对循环经济发展的宏观指导，以及提高全社会对发展循环经济重大意义的认识。该文件成为我国循环经济发展历程中的第一个纲领性文件，使循环经济在我国迅速从理念转化为行动，为我国循环经济的发展奠定了基础。随后，我国于 2006 年将循环经济纳入"十一五"规划；2008 年颁布《中华人民共和国循环经济促进法》，并自 2009 年 1 月 1日起施行，这标志着我国成为全球第一个在发展战略层面大规模推动循环经济发展的国家（诸大建，2017）。《中华人民共和国循环经济促进法》明确提出了循环经济的战略定位，即"发展循环经济是国家经济社会发展的一项重大战略"。

党的十八大以来，我国循环经济的战略定位被进一步强化（中国循环经济协会，2022），循环经济政策制度不断完善和创新。2013 年，国务院印发《循环经济发展战略及近期行动计划》，这是我国专门对循环经济发展作出的战略规划。该计划指出，"发展循环经济是我国的一项重大战略决策，是落实党的十八大推进生态文明建设战略部署的重大举措，是加快转变经济发展方式，建设资源节约型、环境友好型社会，实现可持续发展的必然选择"。该计划还制定了"十二五"时期循环经济发展的主要指标。2017 年，国家发展改革委等 14 部委联合印发了《循环发展引领行动》，指出"循环发展是我国经济社会发展的一项重大战略，是建设生态文明、推动绿色发展的重要途径"，并提出了"十三五"时期循环经济发展的主要指标。2021 年，国家发展改革委印发了《"十四五"循环经济发展规划》，指出大力发展循环经济，对保障国家资源安全，推动实现碳达峰、碳中和，促进生态文明建设具有重大意义。同年，国务院印发了《2030 年前碳达峰行动方案》，将循环经济助力碳达峰、碳中和作为重大行动之一。由此可见，在我国加快建设生态文明、实现"双碳"目标、保障国家资源安全的大局中，发展循环经济的战略意义更加凸显，进一步提升了循环经济的战略定位。

综上所述，在当前时代背景下，发展循环经济的战略意义和实践作用更为显著，迫切需要立足于全球循环经济发展的趋势以及我国在推动循环经济发展中的重要任务，在总结循环经济实践的基础上，提炼具有共性的理论问题，深化对循环经济发展规律的认识，从而指导循环经济实践不断深入。

提升循环经济的战略定位，加快推进循环经济的总体布局，使循环经济在更大范围内实施，是当前全球循环经济发展的重要特征和趋势，也是循环经济深入发展的内在要求和必然选择，必将有助于循环经济在破解资源环境约束、提升资源利用率、减少碳排放、推进社会经济绿色转型等方面发挥更加显著的作用。2022 年，党的二十大报告明确提出了"加快构建废弃物循环利用体系"的重要任务，这是对我国进一步发展循环经济作出的重大决策部署，为深化循环经济发展提出了新的要求，意味着要更加系统地推进循环经济发展，使循环经济向更大范围扩展。

循环经济的发展往往是以循环经济系统的形式实现的。循环经济系统是开放系统，循环经济系统的发展需要向更大范围扩展，这决定了其在发展过程中需要超越已有的系统边界。循环经济系统超越边界的问题是循环经济发展面临的一个共性问题。随着循环经济领域研究的深入，这一问题成为该领域研究者日益关注的重要问题（Shi and Chertow，2017；Liu et al.，2012；Korhonen，2005a；Sterr and Ott，2004；Baas and Boons，2004）。推动循环经济向更大范围扩展，必然需要对循环经济系统的超越边界问题展开研究。

1.1.2 研究目的

国内外的循环经济实践表明，循环经济系统超越边界是循环经济系统发展过程中客观存在的现象，体现了循环经济系统向更大范围扩展的过程，与当前全球推动循环经济在更大范围内实施以及我国"加快构建废弃物循环利用体系"的重要任务有十分密切的关系。

本书基于全球循环经济发展的趋势以及我国在推动循环经济发展中的重要任务，从循环经济系统发展的现象中提炼出具有共性的问题——循环经济系统超越边界问题，从多学科的角度，对该问题的理论基础和内涵、驱动因素和驱动机制、表征模型、障碍因素的综合评价等方面进行研究，构建循环经济系统超越边界问题的理论框架和方法体系，并结合典型案例进行实证分析。以期通过对该问题的研究，为循环经济的深入发展提供理论和方法借鉴。

1.1.3 研究意义

该研究从系统边界的视角切入，对循环经济系统超越边界问题展开研究，构建循环经济系统超越边界问题的理论框架，有助于为循环经济向更大范围扩展以及构建废弃物循环利用体系奠定理论基础，从而丰富和完善循环经济理论，具有一定的理论意义。

循环经济系统超越边界问题是从循环经济系统发展的客观现象中提炼出来的。对该问题的研究，有助于为推动循环经济实践在更大范围实施提供思路和方法，并可为循环经济系统的评价和管理决策的制定提供依据，从而推动循环经济实践不断深入，因此具有一定的实践意义。此外，该研究还有助于为其他领域中涉及系统边界问题的研究提供思路和方法的借鉴。

1.2 循环经济系统超越边界问题的研究现状

系统边界问题是循环经济系统发展过程中面临的一个重要问题。学术界在关于循环经济系统的重要存在形态——产业生态系统的研究中，对边界问题给予了高度重视。Boons 和 Baas（1997）认为，研究产业生态系统的边界问题是非常必要的。Korhonen（2005b）指出，产业生态系统的边界问题是产业生态学研究领域面临的一个挑战。

Roberts（2004）提出，产业生态系统的边界可在微观层面（企业）、中观层面（生态工业园）以及宏观层面（区域及更大范围）3 个层面上定义。Hond（2000）、Melanen 和 Korhonen（2008）认为，产业生态系统的边界目前主要按照行政、地理和空间的边界来划分。可见，作为系统而言，循环经济系统的边界是客观存在的。

然而，循环经济系统是开放系统，循环经济系统的发展需要超越系统边界。对此，Wallner（1999）首次强调指出了开展区域合作和建立跨区域产业共生关系对产业生态系统的发展具有重要意义。我国学者刘娟和谢家平（2009）认为，建立跨区域的企业合作关系有利于更好地实现经济效益和环境效益的双赢。Seager 和 Theis（2002）认为，随着产业生态系统边界的扩展，将会产生更为优化的方案。Korhonen（2005a）通过研究芬兰乌伊马哈尤林业产业生态系统的案例，发现随着该产业生态系统的发展，副产品交换以及废弃物处理的活动逐渐超越了原有的系统边界向更大的区域范围扩展。Erich 等（1997）认为，大量可用废弃物的供应和潜在可循环利用的过程（工艺）会使产业循环网络的边界扩展超越已有的系统边界。Wolf 等（2007）研究了瑞典南部城市的林纸产业生态系统的案例，指出随着系统边界的扩展，由于规模优势，副产品利用的效率将会更高；提出以灵活的系统边界研究产业生态系统是非常重要的，并建议对于产业生态系统边界应开展更多研究。

通过以上研究结果可以发现，循环经济系统的边界是客观存在的。同时，循环经济系统作为开放系统，其边界是动态扩展的。在循环经济实践中，超越边界是循环经济系统发展的客观规律。为深入推动循环经济的发展，研究循环经济系统的超越边界问题是非常必要的。

Sterr 和 Ott（2004）指出，如果将产业生态系统局限于一个特定区域的范围内，会影响那些对资源进行循环利用的企业的经济性，从而使其难以持续运行。因此，更大的区域范围更适于资源的循环利用，这将对推动产业生态系统的发展更有利。同时，他们还指出，更大的区域范围对产业生态系统的发展是一个挑战，如需要在合作者之间建立必要的信任和协调机制，以及减少产业共生关系建立过程中的交易费用等。Melanen 和 Korhonen（2008）认为，由人类主导的物质和能量流动通常超越了组织或行政边界。同时，他们还注意到，当扩展一个产业生态系统的边界时，会产生"问题转移"的现象。陈银法（2009）分析了跨区域生态工业园建设的必要性，并提出了跨区域生态工业园区建设的机制和对策，即建立良好的沟通合作机制、推进科技创新合作、构建生态园区的产业链合作及加强对公众的宣传力度。

以上研究表明，随着循环经济领域研究的深入，超越边界、向更大范围扩展的问题已成为该领域研究者关注的重要问题。系统边界是这一问题的重要研究视角和切入点，也是循环经济系统向更大范围扩展所面临的共性问题。然而，通过对国内外文献的分析可见，已有的研究或只提出了研究这一问题的必要性和重要性，或初步提出了循环经济系统边界的划分，或在分析案例的过程中发现超越边界是一种客观存在的现象；对于超越系统边界的研究，仍然只是限于问题的提出，缺乏实证支持，还需要进行更为系统和深入的研究。因此，本书从系统边界的视角，借助多种研究方法，研究循环经济系统的超越边界问题，有助于弥补循环经济领域研究的不足、丰富完善循环经济理论体系，对于实现我国"加快构建废弃物循环利用体系"的重要任务，推动循环经济和生态工业的发展，具有重要的理论价值和实践价值。

1.3 研究目标与主要研究内容

1.3.1 研究目标

本书的研究目标：构建循环经济系统边界概念内涵与运行机制研究、循环经济系统超越边界的驱动因素和驱动机制研究、循环经济系统边界障碍因素识别的综合研究框架；建立定量表征循环经济系统超越边界过程的模型；提出识别循环经济系统关键边界障碍因素的方法和消除循环经济系统边界障碍的对策。

1.3.2 主要研究内容

本书的主要研究内容包括以下4个方面。

①循环经济系统边界的基础理论研究。以循环经济系统的实践为基础，综合运用产业生态学、循环经济理论、系统论、组织科学等相关理论，研究循环经济系统边界的作用、定义、划分以及运行机制。

②循环经济系统超越边界的驱动因素和机制研究。对与循环经济系统超越边界相关的驱动因素进行归纳和分类；基于组织身份、制度同构和市场机制的理论框架，研究循环经济系统超越边界的驱动机制。

③表征循环经济系统超越边界的系统动力学模型研究。引入系统动力学方法，建立表征循环经济系统超越边界过程的系统动力学模型，对典型循环经济系统案例进行实证研究，分析并识别超越边界中的驱动因素和驱动机制。

④循环经济系统边界障碍的综合评价研究。在循环经济系统已有实践的基础上，对循环经济系统的边界障碍因素进行归纳和分类。综合运用层次分析法和优劣解距离法，研究建立揭示循环经济系统边界障碍的综合评价模型，对典型循环经济系统案例进行实证研究，并提出消除边界障碍因素的对策。

1.4　研究方法与技术路线

1.4.1　研究方法

①多学科理论综合运用的方法。循环经济系统超越边界问题的研究涉及多学科领域。本书综合运用产业生态学、循环经济、系统科学、组织科学等学科的理论开展研究，对循环经济系统超越边界问题进行理论分析和阐述，为本研究建立多学科支撑的理论框架。

②文献研究与实地调研相结合的方法。通过大量检索并阅读国内外相关文献和书籍，对循环经济系统超越边界相关问题的研究内容进行系统梳理和归纳。同时，选择典型案例进行实地调研，获取用于实证研究的背景信息和数据。

③理论研究与实证研究相结合的方法。通过综合运用多学科理论，为循环经济系统超越边界问题奠定理论基础；同时，选择典型案例开展实证研究，以验证理论方法的实际应用以及在实践中的阐释力。

④定性与定量相结合的研究方法。针对研究问题，采用相关理论进行定性归纳、分析和阐释，为研究问题提供理论依据；同时，通过构建数学模型，以定量化的方式对研究问题进行表征和评价，从而为研究成果的实际应用提供科学依据。

1.4.2　技术路线

本研究首先针对循环经济系统超越边界问题的相关研究文献和书籍进行全面系统的检索，结合实地调研，对研究现状进行归纳分析并制定具体的研究方案。从系统边界的视角，综合运用系统科学、组织科学、循环经济理论等多学科理论，从概念内涵、边界划分、运行机制等方面，开展循环经济系统超越边界的基础理论研究。在此基础上，从组织身份、制度同构、市场 3 个方面研究循环经济系统超越边界的驱动机制，同时分析归纳驱动因素。引入系统动力学方法，研究定量表征循环经济系统超越边界演进过程的系统动力学模型。融合层次分析法和优劣解距离法，建立群决策模型，对循环经济系统超越边界的障碍进行综合评价，衡量不同障碍的程度，并识别关键障碍。针对不同的障碍因素，提出消除障碍的对策和建议。在研究过程中，选择典型的循环经济系统，对研究建立的理论方法和模型开展实证研究。本研究的技术路线如图1-1所示。

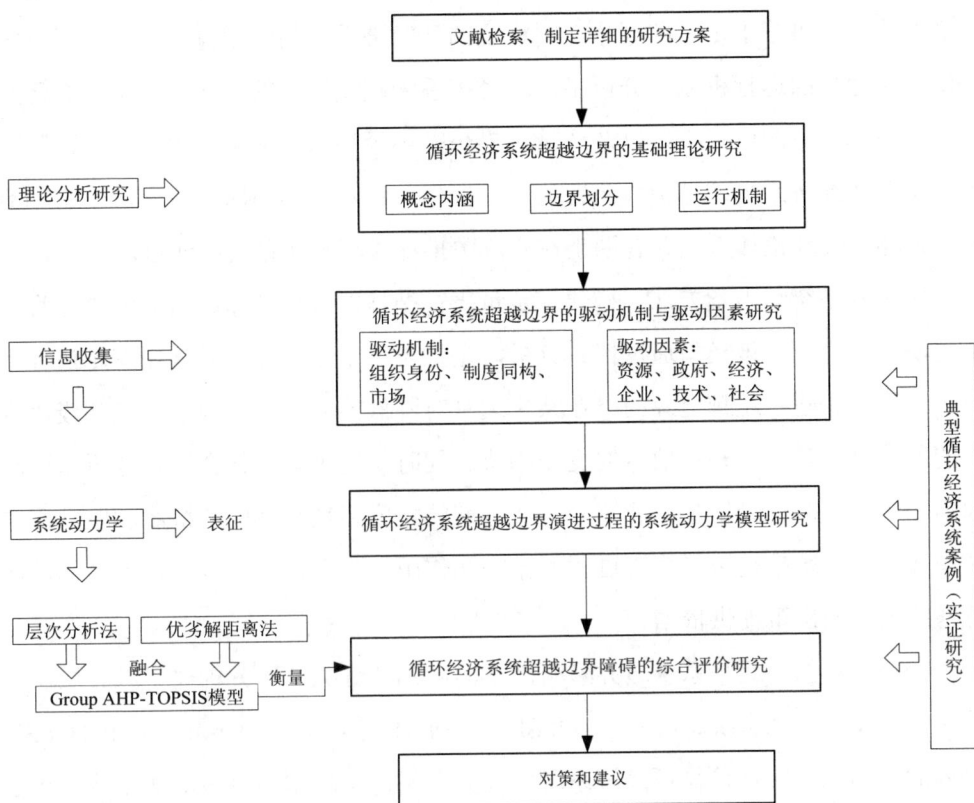

图 1-1 本研究的技术路线

1.5 主要创新点

本研究的主要创新体现在以下 3 个方面。

①从系统边界的视角，综合运用产业生态学、循环经济理论、系统论、组织理论，系统阐述了循环经济系统边界的作用，从系统内部和外部两个视角对循环经济系统边界进行了定义和划分，阐释了循环经济系统的组织身份，揭示了循环经济系统边界的运行机制，分析了循环经济系统超越边界的内涵，揭示了循环经济系统超越边界的运行机制以及超越边界与循环经济系统演进的内在关系，从而形成了循环经济系统超越边界问题的理论框架。针对上述问题的研究，丰富和完善了循环经济理论体系，并有助于在实践中推动循环经济系统的演进。

②引入系统动力学方法，构建了定量表征循环经济系统超越边界演进过程的系统动力学模型。该模型通过情景分析，定量表征了循环经济系统在超越边界的演进过程中，建立超越边界的产业共生关系对降低能源消耗、固废存量和废水存量的所具有的效果和共生效益的变化趋势。同时，通过有效结合情景分析与驱动因素和驱动机制理论框架，能够同时从定性的角度系统阐释驱动机制和驱动因素对循环经济系统超越边界演进过程的影响和作用，为今后进一步制定推动循环经济系统演进的决策提供依据。

③基于对循环经济系统边界障碍因素的归纳和分类，研究构建了综合层次分析法（AHP）和优劣解距离法（TOPSIS）的群体决策模型（Group AHP-TOPSIS Model），用以系统评价循环经济系统的边界障碍。该模型为两级层次结构，可以更全面地识别和比较不同障碍因素的障碍程度，确定制约循环经济系统超越边界的关键障碍因素，为有针对性地制定消除边界障碍因素的对策提供科学依据。

参考文献

陈银法，2009. 跨区域生态工业园区建设行为互动分析[J]. 河北经贸大学学报，30（6）：57-62.

廖虹云，康艳兵，赵盟，2020. 欧盟新版循环经济行动计划政策要点及对我国的启示[J]. 中国发展观察（11）：55-58.

刘娟，谢家平，2009. 发展跨区域企业群落的必要性分析——基于"工业生态系统"的视角[J]. 生产力研究（20）：18-20.

沈小晓，殷淼，花放，等. 多国推动循环经济发展（国际视点）[N]. 人民日报，2023-05-05（16）.

宋爽，张立娜，石隽隽，等，2023. 欧盟新版循环经济行动计划对我国发展循环经济的启示[J]. 上海节能（5）：571-575.

诸大建，2017. 最近 10 年国外循环经济进展及对中国深化发展的启示[J]. 中国人口·资源与环境，27（8）：9-16.

中国循环经济协会，2022. 循环经济这十年（2012—2021）[R]. https：//www.chinacace.org/news/uploads/2022/11/1668654676833579.pdf.

Baas L，Boons F，2004. An industrial ecology project in practice：exploring the boundaries of decision-making levels in regional industrial systems[J]. Journal of Cleaner Production（12）：1073-1085.

Boons F，Baas L，1997. Types of industrial ecology：the problem of coordination[J]. Journal of Cleaner Production，5（1-2）：79-86.

Erich J，Schwarz E J，Karl W，et al.，1997. Implementing nature's lesson：the industrial recycling network enhancing regional development[J]. Journal of cleaner production，5（1-2）：47-56.

Hond F，2000. Industrial ecology：a review[J]. Regional Environmental Change，1（2）：60-69.

Korhonen J，2005a. Industrial ecology for sustainable development：six controversies in theory building[J]. Environmental Values（14）：83-112.

Korhonen J，2005b. Theory of industrial ecology：the case of the concept of diversity[J]. Progress in

Industrial Ecology-An International Journal，2（1）：35-72.

Liu C，Ma C，Zhang K，2012. Going beyond the sectoral boundary：a key stage in the development of a regional industrial ecosystem[J]. Journal of Cleaner Production，22（1）：42-49.

Melanen M，Korhonen J，2008. Editorial II：The dimensions of industrial symbioses and their system boundaries[J]. Progress in Industrial Ecology—An International Journal，56（56）：389-398.

Roberts B H，2004. The application of industrial ecology principles and planning guidelines for the development of eco-industrial parks：an Australian case study[J]. Journal of Cleaner Production，12（8-10）：997-1010.

Shi L，Chertow M，2017. Organizational boundary change in industrial symbiosis：revisiting the guitang group in China[J]. Sustainability，9（7）：1085-1104.

Sterr T，Ott T，2004. The industrial region as a promising unit for eco-industrial development—reflections，practical experience and establishment of innovative instruments to support industrial ecology[J]. Journal of Cleaner Production，12（8-10）：947-965.

Seager T P，Theis T L，2002. A uniform definition and quantitative basis for industrial ecology[J]. Journal of Cleaner Production，10（3）：225-235.

Wallner H P，1999. Towards sustainable development of industry：networking，complexity and eco-clusters[J]. Journal of Cleaner Production，7（1）：49-58.

Wolf A，Eklund M，Söderström M，2007. Developing integration in a local industrial ecosystem—an explorative approach[J]. Business Strategy and the Environment，16（6）：442-455.

第 2 章

循环经济系统超越边界的理论基础

2.1 系统与系统边界

2.1.1 系统的定义

系统论的创始人贝塔兰菲（Bertalanffy）（1969）在其代表性著作《一般系统论：基础、发展和应用》（*General System Theory：Foundations，Development，Applications*）中认为，系统可以被定义为由相互联系的若干要素组成的集合体，系统中的这些要素与系统周围的环境之间存在相互联系。我国著名科学家钱学森先生指出：系统是由相互作用和相互依赖的若干组成部分结合而成的具有特定功能的有机整体（钱学森，2011）。

开放性是系统的重要特征之一。任何系统在本质上都具有开放性（苗东升，2020；朴昌根，2005；Bertalanffy，1969）。在 Bertalanffy 对系统的定义中，系统所具有的这种开放性也被融入其中，即系统中的这些要素与系统周围的环境之间存在着相互联系。在对系统进行定义的基础上，Bertalanffy（1969）更为明确地指出，就系统的本质和定义而言，系统并不是封闭的，而是开放的。开放系统能够通过以自身与周围环境之间的资源"吞吐"为基础来实现对自身的维持（Scott，2003）。钱学森先生（2001）也特别指出，由于系统本身与其周围的环境存在物质、能量和信息的交换，所以是开放的；真正的封闭系统在客观世界中是不存在的，只是有时为了方便研究，把一个实际系统近似地视为封闭系统。因此，开放性被视为系统固有的特性（曾广容，2005）。系统开放是系统稳定运行的条件，也是系统得以发展的前提和根本（曾广容，2005；刘翠兰　等，1996；魏宏森和曾国屏，1995）。

2.1.2　系统边界

系统边界相关问题的研究正越来越受到学术界的关注（刘仕刚，2018）。系统边界是与系统相关的重要概念（Cohen，2000）。系统非常依赖于其统一性，而统一性本身就是通过系统边界所形成的框架的产物（Hernes，2003）。系统具有开放性并不意味着系统没有边界（Scott，2003）。系统外部的所有其他事物是该系统的环境（朴昌根，2005）。环境在系统周围，或者说系统嵌套在环境之中。系统与环境是通过系统边界分隔开来的（苗东升，2020）。系统及其边界在概念上是与环境相分离的（Hernes，2003）。也就是说，系统边界是隶属于系统的，而不隶属于系统环境（Cooper，1986）；系统边界是系统的重要属性，也是系统的功能组成部分（Zeleny，1996）。

任何具体系统都是有限的，系统的这种有限性通过系统边界来体现。这意味着，系统边界被视为用来表征系统有限性的特定部位或特定的规定性。系统边界的产生或者消失，是系统存在或消亡的重要标志之一（朴昌根，2005）。系统边界具有客观性（苗东升，2020）。Bertalanffy（1969）指出，任何系统作为一个实在的整体，都必须有边界；边界或是空间的，或是动态的。严格来说，空间的边界仅存在于直观的观察中。对于许多系统而言，是无法直接观察到其边界的，但这不等于它没有边界（苗东升，2020）。

系统边界不只是物理的，而是具有功能、行为和交流的意义（Zeleny，1996）。系统边界通过规定和调控系统与环境之间的差异性，使系统与周围环境相互区分（Bathelt，2003；Cohen，2000）。系统边界可被视为系统质的规定性的一种反映，用以区分系统与环境的本质不同（曾广容，2005）。系统边界能够限定系统的某种属性，从而也集中凸显了系统的该属性（朱敬恩，2006）。同时，系统边界为系统要素在系统中建立稳定的相互联系提供了空间，即系统边界具有缓冲功能（buffering function）（Araujo et al.，2003）。可见，系统边界可以用于构建系统，将系统"封装"为一个特定的实体，并使系统保持自身的特征（Cooper，1986）。然而，系统边界并非将系统完全封闭（朱晓霞，2008）。系统本质上具有开放性（钱学森，2001；Bertalanffy，1969）。在依据某种属性的差异区分系统与环境的同时，系统边界还是系统这种属性进一步扩展的基点（朱敬恩，2006）。系统边界为连通系统与环境搭建了桥梁，即在系统边界上存在系统与周围环境之间物质、能量和信息的交换。由此可见，系统边界还提供了桥接功能（bridging function）（Araujo et al.，2003）。而系统边界的这种桥接功能也正是系统开放性的具体体现。

组织是现实中存在的一种具有集中协作功能的系统（March and Simon，1958），通常由一些相互合作的行动者构成并实现特定的目标（Scott，1964）。将组织与环境进行区分的观点正是基于系统理论的基本原理而提出的（Miller and Rice，1967）。边界被用来区别组织的内部与外部（田莉，2015），因而成为组织和环境之间的分界线（Santos and Eisenhardt，2005）。组织成员与非组织成员相比，至少具有某种特殊的属性，这种属性将组织与环境区分开并构成组织边界的基础（朱敬恩，2006）。在主流组织理论中，通常通过边界来描述组织的终点和环境的起点（Pfeffer and Salancik，1978）。边界在现代组织中虽然可能表现得不十分明显，但这并不意味着边界不重要（Hernes and Paulsen，2003a）。边界是现代组织的固有特征，任何组织都离不开边界。在组织科学领域中，对边界问题的研究具有重要的现实意义。Hernes 和 Paulsen（2003a，2003b）指出，对组织边界的思考有助于更深入地理解组织的概念；边界是用于在组织环境中理解组织动态的有意义的概念，它影响组织行动和互动的方式，从而影响组织的变革，并往往被视为组织发展过程的结果。

组织边界反映了组织的实质并决定组织所能够影响的范围，包括组织对其所参与的产业活动控制的程度以及组织对外部环境所具有的影响力（Santos and Eisenhardt，2005；D'Aveni，2001）。组织边界在确定组织身份方面发挥着重要作用（Cilliers，2001），有助于正确定义组织活动及其利益相关者的行为（Pfeffer，1997）。组织边界可以被看作存在于相异性和同一性之间的一种界限（刘仕刚，2018）。在现实社会中，组织在更大程度上表现出对环境的开放性（Manev and Stevenson，2001）。由于组织在本质上是开放系统（Scott，2003），其边界被描述为变化的（changing）（Weick，1979；Starbuck，1976），具有可渗透性（permeable）（Scott，2004；Manev and Stevenson，2001；Perrow，1986；March and Simon，1958）；或者形象地说，组织边界是一个"筛网"（sieves），而不是一个不可渗透的"壳"（Scott，2003）。

需要强调的是，系统边界不应被视为一个静态概念（Hernes，2003），所有的系统边界都是动态变化的（Bertalanffy，1969）。Cilliers（2001）指出，系统边界是系统自身活动的函数。组织边界也被认为必然会随时间而改变，具有流动性（fluidity）（Hernes and Paulsen，2003a），有时在短期内即会发生变化（Freeman，1978）。

综上所述，系统边界的作用主要包括：①区分系统和环境，即通过规定系统与环境之间的差异，凸显系统的特征，将系统与环境分隔开来，实现对两者的区分；②构建系统，即容纳系统的要素，将系统要素组织在一起，使其成为一个具有特定功能的有机整体，从而标志系统的形成；③表征系统的有限性，即展现在某一特定时间系统的有限性所处的特定部位；④连通系统与环境，即发挥搭建系统与环境相联系的桥梁的作用。

2.1.3　系统边界的划分

有些系统的边界是可以被直接观察到的，尤其是那些可以在地理空间中划分出边界的系统，如某个特定的地理区域所形成的系统。然而，对于现实中的许多系统而言，其边界是无法被直接观察到的。因此，系统边界相应地分为显在的和隐性的两类（苗东升，2020）。

由于系统成员与非系统成员相比，具有某种特殊的属性，因此这种属性的差异可被作为系统边界划分的依据。通常情况下，系统边界划分的目的既是对这种属性及其引发的系列行为和结果的限定，又是试图确定一个可以使这种属性进行扩展的起点（朱敬恩，2006）。在组织科学领域，确定组织系统的边界被认为是一项复杂的具有挑战性的工作，具有重要的理论和实践意义（Scott，2003）。Scott（2003）在其著作 *"Organizations：Rational，Natural and Open Systems"* 中阐释了由 Laumann 等（1983）提出的确定组织边界的两种方法，即唯实论（realist）和唯名论（nominalist）。唯实论要求研究者从参与者的视角划分组织边界，即采用参与者（可以是个人，也可以是组织）自己对系统边界（当参与者是组织时，系统边界是指由这些组织构成的更大的组织系统的边界）划分所持有的观点，因为参与者的观点会在很大程度上影响其行为。唯名论则需要研究者自己构建一个能够满足分析目的的概念框架。

Scott（2003）指出，无论采用何种组织边界的确定方法，研究者都必须明确的是应当突出情境中的哪些特征作为确定组织边界的标准。Laumann 等（1983）识别了 3 种相关的指标，即参与者的特征、参与者之间的关系以及参与者的活动。许多研究者是从关注参与者这一视角来确定组织边界的，如确定哪些参与者是或者不是该组织的成员（Laumann et al.，1983）。在参与者的特征方面，参与者之间可能会具备一些共同的属性，在参与者是组织成员的情况下，这些属性一般包括组织的目标、发展战略或自身结构等。Laumann 和 Knoke（1988）的研究发现，组织成员对特定事物的共同兴趣对在他们之间建立联系发挥了有效的作用。对于参与者之间的关系这一指标，可以考虑参与者之间是否存在使他们之间建立联系的社会关系（Scott，2003）。Homans（1950）指出，系统边界可以被划在由若干参与者互动关系构成的网络中的某些薄弱的位置（certain thin places）。对于参与者的活动这一指标，Pfeffer 和 Salancik（1978）认为，组织的边界与组织对其自身活动的控制能力的界限是一致。这意味着，组织边界就是组织的这种决定权所终止的位置。

从参与者之间的关系和参与者的活动这两个角度划定组织边界，都需要强调行为准则（Scott，2003）。参与者成为组织的成员，需要遵守共同的行为规范。因此，从参与者特征的角度出发，需要借助可以体现组织成员重要特征的规范准则，去衡量参与者是或者不是该组织的成员。需要特别注意的是，在很多情况下，组织的边界往往存在于参与者的认识中（如参与者在文化认知方面的共同理解）和法律协议的条款中。这些情况使边界无法被直观地呈现出来。

Pfeffer 和 Salancik（1978）指出，划分组织边界的依据不是组织中的个体，而是这些个体特定的行为和活动。因此，在实际划分组织边界的过程中，唯实论和唯名论是难以截然分开的。研究者需要根据具体研究问题中组织的性质，针对组织参与者行为活动的属性进行组织边界的界定（朱敬恩，2006）。

综上所述，虽然在现实世界中，许多系统边界不易被觉察，但无论我们是否能观察到边界，边界都是存在的。在研究中，应根据研究对象的特征综合选择边界划分的视角，并把握系统成员的本质特征；并且，对边界进行概念化和解释的多种方式以及利用边界划分是否有助于揭示系统的动态发展也是至关重要的（Hernes and Paulsen，2003b）。

2.1.4 超越边界

系统的开放性决定了系统与环境之间存在内在联系，这必然要求系统超越自身已有的边界，与外部环境建立物质、能量和信息的交换关系。Scott（2003）指出，系统为推动自身的发展，会投入力量超越系统边界，实现系统边界的扩展。在组织科学领域，超越边界被认为是组织发展过程中必不可少的特征（Xu et al.，2009；Walker and Creanor，2005；Scott，2004；Manev and Stevenson，2001）。对于组织而言，需要维系边界，但超越边界具有十分重要的意义（Scott，2003）。Araujo 等（2003）指出，一个组织系统的影响力不仅取决于其内部成员之间的联系，还取决于它与外部的连接程度。超越边界，意味着系统边界的扩展，可以实现组织系统网络的延伸，是体现组织影响力的重要方面。扩展组织边界被认为是组织管理的核心，当组织边界没有实现扩展时，可能会造成组织停滞不前（Krzakiewicz and Cyfert，2012）。超越边界，可以促进理念的流动和创新的实现（Walker and Creanor，2005；Granovetter，1973）。一个组织的成功与否被认为取决于该组织超越边界与环境进行交流互动的效率（Krzakiewicz and Cyfert，2012；Ashkenas et al.，1998）。超越组织边界，并不意味着组织边界的消失，边界发生的变化体现在边界的范围、持续时间以及运行机制等方面（Scott，2004；Heracleous，2004；Araujo et al.，2003）。

系统边界都是动态的（Bertalanffy，2009）。系统边界这种动态变化的特征决定了需要以新的视角理解与系统边界相关的问题（Hernes and Paulsen，2003a）。系统边界是随着系统的发展而变化的（Cilliers，2001）。系统边界的动态变化是系统自身不断发展变化的直观表现（孙继维，2007）。这意味着系统边界的变化是一个演变的过程（Araujo et al.，2003），对这一过程的理解必须应当在考虑系统成员如何与其系统环境中的其他参与者建立联系的动态背景下展开（Araujo et al.，2003）。可见，系统边界的演变是随着系统自身的演进展开的（Fuchs，2001），是系统演进的重要特征。因此，系统边界可以用于揭示系统动态发展的演进过程（Hernes and Paulsen，2003b），而系统边界这种动态变化的特征常常通过系统超越边界的现象来呈现。由此可见，超越边界实际上是系统演进的基本途径；或者说，系统的演进通常表现为一个系统超越边界的动态发展过程。

2.2　循环经济系统

2.2.1　循环经济系统的定义与特征

循环经济在本质上具有明显的系统特征（徐玖平和卢毅，2011），循环经济往往是以系统的形态存在的。循环经济的发展需要通过循环经济系统运行的形式来实现（刘长灏 等，2012）。目前，在循环经济领域的研究中，对循环经济系统进行明确定义的文献仍较为有限。已有的定义强调了循环经济系统是涵盖经济、社会和生态的系统（徐玖平和卢毅，2011；牛桂敏，2008；张杰和赵峰，2007），需要以自然生态系统的规律重构经济社会系统（张杰和赵峰，2007），以及循环经济系统的目标是实现经济、社会和生态三者之间的动态均衡（牛桂敏，2008）。本书认为，循环经济系统是指在由经济、社会和生态构成的大系统中，建立模拟自然生态系统"生产者""消费者""分解者"三大功能单元的基本结构，形成物质、能量、信息、价值流动构成的产业共生网络，充分利用资源，防治污染并创造生态效益，实现经济、社会与生态的持续协调发展。

循环经济系统的基本特征主要可以归纳为以下 4 个方面。

①具有类似自然生态系统"生产者""消费者""分解者"功能的单元所构成的基本结构。其中，具有"分解者"功能的单元对消除环境污染和生态破坏发挥着必不可少的作用，在循环经济系统中需要不断发掘和补充能够发挥具有"分解者"功能的单元。

②产业共生网络。循环经济系统中的产业共生网络通常由若干企业建立的产业共生关系构成，并在包括若干企业的区域循环经济系统中表现得尤为明显（衣东丰和刘丹，2018；王发明和于志伟，2015）。对于依托单个企业所形成的循环经济系统，这种网络结构可被视为由企业各生产工艺环节所组成。

③具有特定的目标。经济、社会与生态的持续协调发展，是循环经济系统旨在实现的特定目标。

④开放的动态演进过程。循环经济系统具有开放性，需要与环境之间建立物质、能量和信息的交换，并表现为动态演进的过程；在这一过程中，循环经济系统的结构和功能不断得到完善，实现系统的扩展和持续发展。

2.2.2　循环经济系统的类别

循环经济的实践需要依托特定的载体来展开。循环经济所依托的载体一般包括企业、园区、城市、国家等。对应不同的载体，可以将循环经济系统分为企业循环经济系统、园区循环经济系统、城市循环经济系统、国家循环经济系统等。在实践中，这些循环经济系统通常需要在一定的区域空间中运行，因此也被视为区域循环经济系统。其中，由若干不同企业所构成的园区循环经济系统是实践中最为普遍的循环经济系统。在文献中所提到的工（产）业生态系统（industrial ecosystems，IEs）和生态工业园（eco-industrial parks，EIPs）通常都属于园区循环经济系统。推动园区循环经济系统的发展具有十分重要的实践意义。园区已成为我国重要的工业生产空间，也是工业化和城市化发展的重要载体（陈吕军，2021）。我国围绕园区循环经济系统开展了包括生态工业示范园区、循环经济试点园区、园区循环化改造等一系列循环经济实践（石磊　等，2012）。因此，本书中的循环经济系统以园区以及更大区域范围的循环经济系统为主。

2.3　循环经济系统的边界及划分

2.3.1　循环经济系统的成员

循环经济系统需要构建涵盖物质、能量、信息以及价值流动的产业共生网络。这种产业共生网络通常由若干企业的产业共生活动构成。除共生企业外，有学者将公众、地方政府以及科研单位、金融机构等相关组织也视为循环经济系统共生网络的主体（衣东丰和刘丹，2018）。这些主体，都是循环经济系统的利益相关者（诸大建，2017）。共生企业是其中的核心，它们在发展循环经济的过程中形成了某些体现在发展理念、目标和战略等方面的共同特征，是构建循环经济系统产业共生网络的直接参与者。循环经济系统中的生产者、消费者和分解者这些功能单元，是由企业直接参与的。产业共生网络中的物质、能量、信息以及价值流动，也是以参与企业为核心展开的。并且，这些参与企业往往能够通过彼此之间建立的产业共生关系直接获得共生效益，是循环经济系统运行最直接的受益者。因此，本研究中的循环经济系统成员是指参与循环经济系统中的共生企业。

2.3.2 循环经济系统的边界及其作用

循环经济往往以系统的形式存在。作为系统，循环经济系统同样具有边界。边界是循环经济系统的重要属性和组成部分，在循环经济系统实践中是客观存在的。基于 2.1.2 所述的系统边界的相关原理，可将循环经济系统边界的具体作用主要归纳为以下 4 个方面。

（1）构建循环经济系统

循环经济系统的边界将循环经济系统中体现"生产者""消费者""分解者"功能的若干企业（循环经济系统的成员）组织在一起，将其构建成一个表现为产业共生网络的具有统一性的整体，从而使循环经济系统得以显现。通过"容纳"这些循环经济系统的成员，边界为系统成员产业共生关系的建立和运行提供了空间。可见，边界具有构建循环经济系统的作用，标志着一个特定循环经济系统的形成。相反，边界的消失，则意味着与该边界所对应的特定循环经济系统也随之消失。

（2）表征循环经济系统运行规模的有限性

循环经济系统的边界为循环经济系统成员建立产业共生关系提供了特定的空间，这一空间是有限的。系统边界揭示了在某一特定时间循环经济系统的运行在空间上的有限性，即循环经济系统成员的产业共生活动所能涉及的特定"位置"（或产业共生关系所终止的"位置"），从而体现了循环经济系统的运行所能涉及的范围。可见，循环经济系统的边界实际上表征了循环经济系统运行规模的有限性。

（3）区别循环经济系统与环境

在循环经济系统中，系统成员通过彼此之间构建产业共生关系而联系在一起，这使得系统中的每一个成员都成为该循环经济系统产业共生网络中的一个节点；相应地，该循环经济系统则表现出由这些节点企业所构成的某种特定网络化的特征。这样，循环经济系统边界将该循环经济系统与其外部环境相区别。同时，系统成员在产业共生关系的建立和运行过程中，认识并体会到基于循环经济理念，他们能够在系统边界所表征的循环经济系统范围内，以生态创新的方式解决自身发展所面临的挑战，并实现经济效益和生态效益的双赢，这促使他们确立循环经济的发展理念和发展模式。并且，系统成员还体会到保持循环经济系统的持续发展对于系统成员自身实现经济和环境协调发展具有重要作用。由此可见，这些系统成员在属性上体现了一定的"相似性"。这样，循环经济系统的边界也使系统成员与外部环境中的企业相区别。

（4）连通循环经济系统与外部环境

循环经济系统是开放的系统，在其系统边界上存在与外部环境之间的物质、能量和信息的交换。边界为容纳循环经济系统成员在系统内部建立产业共生关系提供了特定的空间，但并不意味着将产业共生关系封闭在循环经济系统的内部。在区别系统与外部环境的同时，循环经济的系统边界还是产业共生关系进一步扩展的基点。在系统外部也会存在与系统内部成员建立共生关系的潜在机会，当其满足共生关系建立的条件时，需要通过超越系统边界实现；或者说，循环经济系统内部与外部共生关系的建立，是通过系统边界的连通来体现的。由此可见，循环经济系统的边界是"可渗透"的，发挥着连通循环经济系统与外部环境的作用，这正是循环经济系统开放性的直观体现。

综上所述，作为循环经济系统的重要组成部分，系统边界并不仅具有单一的功能，而是发挥着多重作用。从系统边界的视角分析循环经济系统，有助于更充分地揭示循环经济系统的实质，对于在循环经济实践中更深入地理解并指导循环经济系统的构建和运行具有重要作用。

2.3.3　循环经济系统边界的定义与划分

目前，有关循环经济系统边界定义和划分的文献还十分有限。有文献初步提出了对循环经济系统边界的定义，认为边界可以在微观层面（企业）、中观层面（生态工业园区）和宏观层面（区域或更大的空间范围）3 个层面进行定义（Roberts，2004），或按照行政、地域空间进行定义（Melanen and Korhonen，2008；Hond，2000）。这意味着，微观层面循环经济系统的边界主要指单个企业的边界。产业共生网络是循环经济系统的重要特征，它可以在园区或更大的区域空间内建立。因此，上述文献中涉及的中观层面和宏观层面的循环经济系统边界可被视为产业共生网络所在的园区或更大区域的行政或地域边界。

组织理论中对组织边界进行划分的思路，为循环经济系统边界的定义和划分提供了重要视角和理论支撑，对更深入地理解循环经济系统的边界具有重要作用。本书在综合系统边界理论和 Laumann 等（1983）提出的组织边界划分途径的基础上，结合循环经济系统的特征，从循环经济系统的内部和外部两个视角对循环经济系统边界进行定义和划分。

①从循环经济系统内部的视角定义，即从循环经济系统内部参与者的角度，由他们共同确定哪些是循环经济系统的成员，哪些不是循环经济系统的成员。循环经济系统的成员，都是构成循环经济系统产业共生网络的节点企业，建立成员之间的产业共生关系是成员共同的特定活动。因此，基于内部视角的循环经济系统边界，实际上是循环经济系统成员之间产业共生关系终止的位置，即循环经济系统作为一个整体对其产业共生关系活动的控制和调节能力终止的位置。在该视角下，边界是通过循环经济系统成员的集体协商和合作形成的，是由循环经济系统成员集体共享（共同拥有）的。

②从循环经济系统外部的视角定义，即根据在循环经济系统外部所观察到的循环经济系统的产业共生活动所涉及的区域范围（通常指承载循环经济活动的特定地域空间）来确定边界。在这种情况下，该区域边界（一般是该区域的行政边

界）可以被视为该循环经济系统的边界。

上述循环经济系统边界定义中，从系统内部视角定义的边界，和现实世界中的许多系统的边界一样，往往不易被直接观察到，属于隐性的边界。从外部视角定义的边界，通常表现为特定区域空间的行政边界，可以被直接观察到，属于显在的边界。在实践中，任何循环经济系统都是由构成产业共生网络的特定成员所组成的，从系统内部视角定义的边界，是在系统成员的循环经济实践基础上识别的，能够更真实地揭示循环经济系统的产业共生活动可以影响的具体范围。该边界实际上隐含在外部视角定义的边界之中；或者说，园区循环经济系统乃至更大区域范围的循环经济系统，实质上正是由隐性边界构建的产业共生网络所组成的循环经济系统在地域空间上的显现。因此，从内部视角的边界定义，体现了循环经济系统的本质，有助于揭示循环经济系统的动态发展，是任何循环经济系统普遍具有的共性边界，因此本书的研究主要以该类边界为主。

依据组织理论中确定组织边界的相关指标（Laumann et al., 1983），可将循环经济系统成员的特征、系统成员之间的关系和系统成员的活动作为综合确定循环经济系统边界的标准。

（1）系统成员的特征

在循环经济系统实践中，循环经济系统成员之间通过建立产业共生关系，可以有效解决他们在资源与环境方面所面临的问题。这些系统成员会通过这一过程形成一些共同的特征，这些特征往往体现在发展目标、发展战略以及自身结构方面。在发展目标方面，循环经济系统的成员应当将承担生态责任，实现经济效益与生态效益的双赢作为自身的重要发展目标之一；并且，在自身发展的同时，还要考虑循环经济系统整体的发展。在发展战略方面，需要将循环经济的发展理念和价值观融入发展战略。在自身结构方面，循环经济系统的成员需要通过清洁生产的途径奠定自身内部循环经济发展的基础，并进一步通过共生的方式与系统中其他成员建立产业共生关系。循环经济系统的成员，需要具备这些体现循环经济本质的共同特征，并将其作为共同遵守的行为准则。这意味着在划分循环经济系统边界时，是否具备这些共同特征是确定循环经济系统成员的重要标准，从而与系统边界外部的企业相区别。

（2）系统成员之间的关系

循环经济系统中的企业与系统中的其他成员共同构成了整个循环经济系统的产业共生网络。这些系统成员之间的关系，体现在他们之间能够彼此信任，通过相互交流与合作，建立产业共生关系。并且，系统成员需要具有持续交流与合作的能力，能够及时针对循环经济产业共生网络运行中出现的问题进行沟通和解决。当面临新的资源利用和废弃物处置等问题时，能够积极寻求以产业共生的方式制订问题的解决措施。因此，产业共生实质上成为循环经济系统成员之间寻求将一个成员企业产生的副产品或废弃物用作其他成员原料进行互动的重要社会关系。可见，循环经济系统成员之间形成的产业关系可被视为系统成员的一种重要行为规范。

（3）系统成员的活动

循环经济系统是通过系统成员所从事的产业共生活动运行的，开展产业共生活动是循环经济系统成员共同的行为准则。循环经济系统作为一个整体，可以通过成员之间的协商，对成员的产业共生活动进行协调和管理。例如，在我国集团型的循环经济系统（如贵糖集团循环经济系统）中，集团作为代表循环经济系统整体的组织，可以对循环经济系统成员的产业共生活动从整体上进行协调管理（Zhu and Côté，2004）。因此，系统成员的活动这一标准可以揭示循环经济系统的边界实际上是循环经济系统整体对成员产业共生活动的协调与管理能力终止的位置；或者说，循环经济系统的边界与循环经济系统对其成员的产业共生活动的控制能力的界限是一致的。

2.4　循环经济系统边界的运行机制

组织身份是组织研究领域的核心概念，具有长期的影响力，它被视为理解许多与组织行为相关问题的关键（汪涛和王康，2017；Gioia et al.，2013），在组织研究领域受到越来越多的关注并得到广泛运用，展现出重要的理论意义和应用价值（景一珈，2022；Gioia et al.，2013）。本研究从组织身份视角出发，基于循环经济系统的特征，揭示循环经济系统边界的运行机制。

2.4.1　组织身份理论

组织身份（organizational identity）是关注组织成员的共有信念和自我意识的重要概念（Scott，2003）。Albert 和 Whetten（1985）将组织身份定义为能够将一个组织与其他可与其相比较的组织区分开来的一系列核心的、独特的和持久的信念与价值。组织身份规定了组织的本质特征（郭金山和芮明杰，2004）。这些特征是组织的自我形象（self-image）的核心（Gioia et al.，2013；Albert and Whetten，1985）。组织身份是由组织成员集体建构的（李海秋，2021；Gioia et al.，2013；王成城 等，2010），是指在组织成员眼中的组织特征（Gioia et al.，2013；Albert and Whetten，1985），体现了组织成员关于组织价值观和特征的共享认知（景一珈，2022）。

Gustafson 和 Reger（1995）以及 Whetten 和 Mackey（2002）指出，组织身份可区分为有形和无形两部分。有形的组织身份是指相对具体的，通常与特定的时间和一系列环境条件相关联的组成部分，包括产品、战略地理范围或核心竞争力。无形的组织身份是指相对抽象的组成部分，通常表现为组织的文化以及核心价值观，它超越任何特定的产品、时间和环境，能够证明某一组织存在的理由（景一珈，2022）。

核心性、独特性和持久性是组织身份定义中的 3 个关键支撑（Gioia et al.，2013）。核心性是指组织中能够被最为清晰地识别和感知的部分，代表组织的内核特征（吴剑峰 等，2022），是组织成员行动的核心根源（郭金山和芮明杰，2004）。这些核心的特征通常表现为核心价值观、产品、服务或实践（Gioia et al.，2013）。

独特性一般指组织所具有的与其他组织不同的关键属性。Albert 和 Whetten（1985）指出，组织身份的独特性不是要求组织的所有特征都必须与其他组织不同，而是指在某些方面具有一定程度的特殊性。组织需要与同类保持一定相似性，同时需要与其他组织区别开来（汪涛和王康，2017；Gioia et al.，2013；Corley et al.，2006）。

持久性是指组织身份具有长期的连续性（Gioia et al.，2013；Albert and Whetten，1985），可用来反映组织中可以保持长期不变的内容，表明组织身份在较长时期是持续不变的（景一珈，2022）。目前学术界在组织身份的持久性方面还存在一定争议（吴剑峰 等，2022；Ernst and Schleiter，2021）。有学者指出，组织身份既具有稳定性，也应具有一定的动态性（郭金山和芮明杰，2004；Gioia et al.，2000；Hogg and Terry，2000）。

组织身份对组织边界的形成和运行具有重要作用。组织身份将组织成员整合在一起（郭金山和芮明杰，2004），是由组织成员集体建构的组织特征（王成城 等，2010）。组织身份的建构是一个认知的过程。组织成员对组织的核心理念与行为的认知，是组织核心能力的重要基础（郭金山和芮明杰，2004）。在这一认知过程中，组织成员之间通过交流互动，实现了价值观的共享和传递（朱敬恩，2006），从而对组织特征的认知达成一致（李海秋，2021）。组织成员对于边界的认知在构建组织边界中发挥了重要作用（Lany and Baum，1995；Porac et al.，1989）。感知与认知等微观过程在创建组织和组织边界等宏观现象中的作用已被一些研究证实（Abrahamson and Fombrun，1994）。由此可见，组织成员在建构组织身份的认知过程中，必然会深化对组织成员及组织的认知，从而有助于加深对边界的认知和识别。

组织的活动是在特定的组织身份逻辑下运行的（Santos and Eisenhardt，2005）。组织身份为组织成员提供了一系列行为指导（Albert and Whetten，1985；汪涛和王康，2017）。组织身份阐明了组织的属性和目的，这能够帮助组织成员理解自己所处的环境，由此为成员的行为提供方向（Santos and Eisenhardt，2005）。研究证明，组织成员对组织身份涉及的信念与价值的认知能够影响他们自身的行为，以及他们与组织之外的个体之间的关系（Whetten and Godfrey，1998；Dutton and

Dukerich，1991）。同时，组织身份决定了组织行动和组织成员的动机之间存在密切联系。组织成员需要以符合它们认定的组织本质的方式引导组织的行动，这与它们自身是息息相关的（Dutton and Dukerich，1991）。

可见，组织身份成为组织决策和行动的框架（郭金山和芮明杰，2004；Dutton and Dukerich，1991）。组织身份影响组织的决策等活动（景一珈，2022；Patvardhan et al.，2015）、引导组织的行为（谷志文，2013；Voss et al.，2006）、确定了组织在发展中关注的方向，成为组织战略形成和执行的机制（郭金山和芮明杰，2004）。

因此，组织身份塑造了组织的运行方式，并形成了组织内部运行的规则（Santos and Eisenhardt，2005）。在组织身份的作用机制下，组织会使其所从事的活动与组织身份保持一致（Santos and Eisenhardt，2005），并影响组织的边界决策（Voss et al.，2006；谷志文，2013）。这决定了组织身份视角下的边界问题的核心观点是组织边界应当能够体现组织身份与组织活动的一致，即组织边界应当被设置在组织身份与组织活动一致的地方（田莉，2015）。这样，组织边界成为容纳与组织身份一致的活动的反映（Santos and Eisenhardt，2005），展现了与组织身份一致的活动所涉及的范围。这意味着边界是通过组织从事与组织身份一致的活动形成的；边界的运行，正是在与组织身份一致的活动作用下进行的。

综上所述，边界可被视为组织身份作用的结果，它将与组织身份一致的活动整合在一起。维系边界运行的机制，是通过组织身份持续驱动组织从事与组织身份一致的活动的作用下实现的。

2.4.2 循环经济系统的组织身份

从组织身份的视角出发，循环经济系统的组织身份是在人类面临资源与生态环境的严峻挑战，生态文明成为人类文明发展的必然选择的时代背景下形成的，是由循环经济系统成员集体塑造的，将循环经济系统与其他经济系统（如一个工业园区）区分开的具有核心性、独特性和持久性的信念与价值。循环经济系统的组织身份揭示和规定了循环经济系统的本质特征。基于组织身份理论，循环经济系统组织身份的核心性、独特性和持久性主要表现为以下内容。

（1）核心性

循环经济系统组织身份的核心性主要表现为循环经济系统的核心价值观以及在其指导下形成的产品、服务和实践。在循环经济系统中，这些内容通常能够被最为清晰地识别和感知。循环经济系统的成员确信为顺应时代发展的要求，自身的发展必须要解决经济发展与生态环境之间的矛盾，实现生态效益与经济效益的双赢。通过发展循环经济，能够解决自身发展及所在区域面临的资源与环境问题，将这些挑战转变为新的发展机遇。为此，需要建立生态价值观并积极承担生态责任，全面系统地看待自然生态系统为人类发展提供的服务功能和价值。并且，充分认识废弃物的价值。废弃物与资源的概念是相对的，没有绝对的废弃物，废弃物只是放错位置的资源，直到被浪费掉时才被称为废弃物（Côté，2000）。同时，还需要认识到发展循环经济不仅能为自身带来直接经济效益，还能带来包括树立良好的绿色形象等所产生的间接经济效益。此外，还要积极推动循环经济价值观和理念的传播。例如，将发展循环经济的实践作为循环经济教育的案例进行宣传和交流。

循环经济系统成员开展的循环经济活动，是在上述关于循环经济的核心价值观的指导下实现的。Laumann 和 Knoke（1988）指出，在共同价值观的作用下，组织成员对特定事物的共同兴趣能够为在它们之间建立联系发挥有效的作用。这在循环经济系统的实践中，主要表现为系统成员为了充分利用资源，使自身产生的废弃物或副产品可以成为其他企业的原料而被利用，会更加关注并积极通过相互合作建立并维系产业共生关系的运行，这也成为循环经济系统的核心行为方式，并已在园区循环经济系统中得到了体现。同时，这意味着循环经济系统中的许多产品是通过充分利用废弃物和副产品生产的，并创造出良好的经济效益和环境效益。

（2）独特性

循环经济系统组织身份的独特性可理解为循环经济系统所具有的与其他系统不同的关键属性。这种独特性并不是要求循环经济系统的所有特征都必须与其他系统不同，尤其是当某一循环经济系统与其他循环经济系统相比时，两者会具有一定的相似性，例如，都会一定程度地反映循环经济特征的价值观和信念，系统成员之间都是通过产业共生关系联系在一起的。因此，循环经济系统组织身份的独特性是指在某些方面所具有的一定程度的特殊性，主要表现为循环经济系统所形成的具体的循环经济系统模式，它通过特定的产业共生网络展现出来，而不同循环经济系统的产业共生网络都具有一定程度的不同。由此可见，循环经济系统之间既可以具有一定的相似性，又可以彼此相区别。

（3）持久性

思考组织身份在动态变化中持久的、稳定的内涵具有重要的现实意义（Hernes and Paulsen，2003b）。基于组织身份理论，循环经济系统的组织身份具有一定的动态性。例如，为应对全球气候变化，减少温室气体排放，在循环经济系统的发展过程中，减少碳排放成为一项重要内容，这必然反映在循环经济系统的组织身份中；并且，某一循环经济系统所具有的产业共生网络，会随着时间出现一定程度的变化。虽然循环经济系统是动态发展的，但其组织身份具有明显的持久性和稳定性，即具有长时间保持不变的内容。这主要体现在循环经济系统始终坚持循环经济的理念和价值观，以及以此为指导不断推动循环经济的实践。例如，卡伦堡循环经济系统在发展过程中，不断坚持用循环经济理念去完善产业共生关系，Inbicon 公司通过利用小麦的秸秆残渣生产乙醇，使当地的农业废弃物进一步得到资源化利用，也实现了生物质能源的利用（Branson，2016）。

2.4.3　循环经济系统组织身份下的系统边界运行机制

循环经济系统的组织身份是由循环经济系统成员在实践中共同塑造的循环经济系统的特征，是通过对循环经济系统的核心理念与行为的认知过程并达成认知的一致性实现的。在核心理念方面，主要体现为树立生态价值观，积极开展生态创新，在发展的同时必须关注对区域生态环境的影响；通过成员之间的互信与合作，能够有助于解决他们在发展中面临的来自资源和生态环境方面的挑战，实现经济效益与环境效益的双赢和所在区域的可持续发展。在行为方面，主要表现为识别一个成员的废弃物被其他成员重新利用的机会，并通过成员之间的合作，建立相应的产业共生关系。成员在产业共生关系的建立和运行实践中，由于感受到产业共生在充分利用资源和减少废弃物排放方面所具有的重要作用，使他们确信需要按照循环经济系统的方式持续运行下去。通过这种认知过程，循环经济的价值观和特征在循环经济系统成员之间得到传递并使成员形成了共享认知。同时，这一过程也深化了系统成员之间的交流和相互信任，使循环经济系统所包含的成员以及这些成员之间的产业共生关系得以明确识别。如 2.3.3 所述，从循环经济系统内部视角对边界的定义，是通过参与者共同确定循环经济系统的成员和成员之间特定的产业共生关系得到的，即循环经济系统的边界是循环经济系统成员之间产业共生关系终止的位置。系统成员在塑造循环经济系统组织身份的过程中，通过明确循环经济系统成员以及成员之间的产业共生关系，进而深化自身对边界的认知，从而明确了循环经济系统的边界。

循环经济系统的组织身份阐释了循环经济系统的属性和作用，为系统成员从事循环经济活动提供了行为准则和发展方向。循环经济系统整体的运行与系统成员的行为有密切的关系，例如，循环经济系统整体的产业共生网络的运行是通过成员之间建立的若干产业共生关系的有序运行实现的。系统成员为实现自身产生的废弃物能够被其他企业充分利用，需要按照它们集体共识的组织身份的规范，维持产业共生关系的稳定运行（Branson，2016）。内部视角的循环经济系统边界是循环经济系统成员之间产业共生关系终止的位置，循环经济系统的产业共生活动是在组织身份规定的行为准则指导下进行的。因此，这一位置实质上反映了循环经济系统的组织身份与循环经济系统活动的一致性。这符合组织身份视角下的边界问题的核心观点，即组织边界应当被设置在组织身份与组织活动一致的地方（田莉，2015）。由此可见，循环经济系统边界运行的机制，是在循环经济系统的组织身份持续驱动循环经济系统从事与自身组织身份一致的活动的作用下实现的。

2.5　循环经济系统的超越边界

2.5.1　循环经济系统超越边界的内涵

作为系统，循环经济系统同样具有开放性，这主要体现在循环经济系统为了进一步实现资源的充分利用，还需要寻求与系统外部建立产业共生关系，这意味着循环经济系统需要超越已有的系统边界。可见，超越边界是循环经济系统开放性的直观体现。本书中，循环经济系统超越边界即指循环经济系统超越自身已有的边界，与系统外部建立产业共生关系的现象。

循环经济系统的超越边界，并不意味着系统边界的消失。新的系统成员加入循环经济系统，会形成新的循环经济系统，从而产生新的循环经济系统的边界。在循环经济系统超越边界的过程中，新的系统成员通过建立新的产业共生关系加入已有的产业共生网络，从而实现循环经济系统产业共生网络的延伸，这意味着循环经济系统规模的扩大，并表现为循环经济系统边界的扩展。因此，循环经济系统的超越边界，是实现循环经济系统拓展的必然要求，推动着循环经济系统影响范围的进一步扩大。

循环经济系统的超越边界，需要通过建立新的产业共生关系来实现。因此，识别新的产业共生关系被视为循环经济系统超越边界的前提和基础。

2.5.2　循环经济系统超越边界与演进的关系

循环经济系统的演进问题是产业生态学与循环经济领域的一个重要问题。该问题的研究，有助于揭示循环经济系统动态变化的过程，从而推动循环经济系统的持续发展（Paquin and Howard-Grenville，2012；Korhonen and Snäkin，2005；Jacobsen and Anderberg，2005）。目前，虽然学术界对循环经济系统的演进问题有所涉及，但尚未从循环经济系统超越边界的视角展开研究。

基于2.1.4中对系统边界与系统演进相关理论的分析，对系统边界变化的理解必须考虑系统成员与其系统环境中的其他参与者建立联系的动态背景，即系统边界的变化是在系统演进的过程中展开的。循环经济系统超越边界与循环经济系统的演进有密切的关系。一方面，循环经济系统的发展是一个动态演进的过程（Boons et al.，2014；Chertow and Ehrenfeld，2012；Jelinski et al.，1992），在这一过程中，为更充分地利用资源，消除对生态环境的影响，循环经济系统需要超越自身已有边界，寻求建立新的产业共生关系（Korhonen，2005），这将进一步完善循环经济系统的产业共生网络，优化提升循环经济系统的结构和功能，推动循环经济系统向着更加可持续的方向演进。同时，在演进过程中，还会实现循环经济系统规模的扩展（Pakarinen et al.，2010），并通过系统边界的动态扩展得以体现。可见，循环经济系统的超越边界，能够有效推动循环经济系统的演进。另一方面，循环经济系统的边界是作为循环经济系统演进的结果呈现的，随着循环经济系统的演进，会出现新的循环经济系统及其边界。循环经济系统边界的动态变化，是循环经济系统在演进过程中的重要特征。循环经济系统边界的变化可用于揭示循环经济系统的动态演进过程，而边界这种动态变化的特征通常通过系统超越边界的现象得以呈现。由此可见，循环经济系统超越边界实际上是循环经济系统演进的基本途径；或者说，循环经济系统的演进通常表现为一个循环经济系统超越边界的动态发展过程。从循环经济系统超越边界的视角研究循环经济系统，有助于更为深入系统地揭示循环经济系统演进的本质。

2.6　本章小结

本章运用系统理论和组织理论，对循环经济系统超越边界的相关问题进行了阐述。

在归纳系统定义的基础上，对系统边界的内涵及系统边界的划分进行了分析和阐释，进而指出系统边界动态变化的特征通常以系统超越边界的现象得以呈现，超越边界实际上是系统演进的基本途径，系统的演进通常表现为一个系统超越边界的动态发展过程。

对循环经济系统进行了定义，从基本结构、产业共生网络、特定目标、动态演进过程 4 个方面归纳了循环经济系统的基本特征，并对循环经济系统的类别进行了阐述，指出本书中的循环经济系统以园区以及更大区域范围的循环经济系统为主。

基于系统边界的相关原理，循环经济系统边界的具体作用可被归纳为构建循环经济系统、表征循环经济系统运行规模的有限性、区别循环经济系统与环境、连通循环经济系统与外部环境 4 个方面。

综合系统边界理论和 Laumann 等（1983）提出的在组织边界划分途径的基础上，结合循环经济系统的特征，可以从循环经济系统的内部和外部两个视角对循环经济系统边界进行定义和划分。其中，从内部视角的边界定义，有助于揭示循环经济系统的动态发展，是循环经济系统普遍具有的共性边界，因此本书的研究以该类边界为主。依据组织理论中确定组织边界的相关指标，从循环经济系统成员的特征、系统成员之间的关系和系统成员的活动 3 个方面阐述了确定循环经济系统边界的标准。

通过对组织身份理论的归纳分析可以发现，组织身份对组织边界的形成和运行具有重要作用。边界可被视为组织身份作用的结果，它将与组织身份一致的活动整合在一起。维系边界运行的机制，是通过组织身份持续驱动组织从事与组织身份一致的活动的作用下实现的。

基于组织身份理论，进一步分析阐述了循环经济系统组织身份的核心性、独特性和持久性。循环经济系统的组织身份能够阐释循环经济系统的属性和作用，为系统成员从事循环经济活动提供了行为准则和发展方向。循环经济系统边界运行的机制，是在循环经济系统的组织身份持续驱动循环经济系统从事与自身组织身份一致的活动的作用下实现的。

概括分析了循环经济系统超越边界的内涵，指出超越边界是循环经济系统开放性的直观体现，是实现循环经济系统扩展的必然要求，推动了循环经济系统影响范围的进一步扩大。在本章的研究中，循环经济系统超越边界指循环经济系统超越自身已有的边界，与系统外部建立产业共生关系的现象。分析了循环经济系统超越边界与演进的关系。循环经济系统超越边界是循环经济系统演进的基本途径；循环经济系统的演进通常表现为一个循环经济系统超越边界的动态发展过程。

通过本章研究可以发现，从系统边界的视角研究循环经济系统，有助于更充分地揭示循环经济系统的实质，可以丰富循环经济理论的研究视野，为在循环经济实践中更深入地理解并指导循环经济系统的构建和运行奠定理论基础。

参考文献

陈吕军，2021. 做好碳达峰碳中和工作，工业园区必须做出贡献[J]. 资源再生（2）：15-20.

谷志文，2013. 复杂企业组织的本质特征及其边界研究[D]. 广州：暨南大学.

郭金山，芮明杰，2004. 当代组织同一性理论研究述评[J]. 外国经济与管理，26（6）：2-9.

景一珈，2022. 组织身份动力学视角下国际组织转型研究——以世界粮食计划署为例[D]. 北京：外交学院.

李海秋，2021. 多重制度逻辑下的组织身份形成机制研究[J]. 经济研究导刊（10）：148-152.

刘长灏，马春元，张凯，2012. 循环经济输入输出问题研究[M]. 北京：科学出版社.

刘翠兰，李天勇，孟艾芳，1996. 论系统的开放性[J]. 系统辩证学学报，4（1）：27-30.

刘仕刚，2018. 认同边界：人类学视野中的组织边界[J]. 宗教信仰与民族文化（2）：12.

苗东升，2020. 系统科学概览[M]. 北京：中国书籍出版社.

牛桂敏，2008. 基于系统科学的循环经济系统分析[J]. 南方论丛（1）：38-52.

朴昌根，2005. 系统学基础[M]. 上海：上海辞书出版社.

钱学森，2011. 钱学森系统科学思想文选[M]. 北京：中国宇航出版社.

钱学森，2001. 论宏观建筑与微观建筑[M]. 杭州：杭州出版社.

石磊，刘果果，郭思平，2012. 中国产业共生发展模式的国际比较及对策[J]. 生态学报，32（12）：3950-3957.

孙继维，2007. 从耗散结构论到复杂大系统的可持续发展[J]. 科技管理研究，27（11）：270-272.

田莉，2015. 新企业组织边界的多元建构逻辑与机理[J]. 管理学报，12（11）：1632-1637.

王成城，刘洪，李晋，2010. 组织身份及其衍生构念实证研究述评[J]. 外国经济与管理，32（1）：15-24.

王发明，于志伟，2015. 区域循环经济系统抗风险能力研究——基于网络关系的视角[J]. 科研管理，36（4）：101-108.

汪涛，王康，2017. 组织身份及身份变革的研究评述与展望[J]. 珞珈管理评论，21（2）：75-87.

魏宏森，曾国屏，1995. 系统论——系统科学哲学[M]. 北京：清华大学出版社.

吴剑峰，丁沂昕，雷震，等，2022. 存续企业如何实现组织身份变革？——基于海油发展的纵向案例研究[J]. 管理世界，38（7）：212-235.

徐玖平，卢毅，2011. 循环经济系统科学理论与技术及实现[J]. 上海理工大学学报，33（6）：709-732.

衣东丰，刘丹，2018. 区域循环经济系统的网络联结模式与治理模式优化[J]. 企业经济（12）：20-26.

曾广容，2005. 系统开放性原理[J]. 系统辩证学学报，13（3）：43-46.

张杰，赵峰，2007. 基于自组织的循环经济系统演化过程研究[J]. 商场现代化，2（中旬刊）：265-266.

诸大建，2017. 最近10年国外循环经济进展及对中国深化发展的启示[J]. 中国人口·资源与环境，27（8）：9-16.

朱敬恩，2006. 组织边界的确定过程[J]. 江淮论坛（6）：22-28.

朱晓霞，2008. 区域创新系统中的“区域边界”问题研究[J]. 科技进步与对策，25（9）：24-27.

Abrahamson E，Fombrun C J，1994. Macro-cultures：determinants and consequences[J]. Academy of Management Review，19：728-755.

Albert S，Whetten D A，1985. Organizational identity. In Research in organizational behavior，14：263-295，ed. Cummings L.L. and Staw M.M. Greenwich，CT：JAI Press.

Araujo L，Dubois A，Gadde L E，2003. The multiple boundaries of the firm[J]. Journal of Management Studies，40（5）：1255-1277.

Ashkenas R，Ulrich D，Jick T，et al.，1998. The Boundaryless Organization：Breaking the Chains of Organizational Structure[M]. San Francisco：Jossey-Bass Publisher.

Bathelt H，2003. Geographies of production：growth regimes in spatial perspective 1-innovation，institutions and social systems[J]. Progress in Human Geography，27（6）：763-778.

Bertalanffy L V，1969. General system theory：foundations，development，applications（Revised Edition）[M]. New York：George Braziller，Inc.

Boons F，Spekkink W，Jiao W，2014. A process perspective on industrial symbiosis[J]. Journal of Industrial Ecology，18（3）：341-355.

Branson R，2016. Re-constructing Kalundborg: the reality of bilateral symbiosis and other insights[J]. Journal of Cleaner Production，112（5）：4344-4352.

Chertow M R，Ehrenfeld J，2012. Organizing self-organizing systems[J]. Journal of Industrial Ecology，16（1）：13-27.

Cilliers P，2001. Boundaries，hierarchies and networks in complex systems[J]. International Journal of Innovation Management，5（2）：135-147.

Cohen A P，2000. Signifying identities：anthropological perspectives on boundaries and contested values[M]. London：Routledge.

Cooper R，1986. Organization/disorganization[J]. Social Science Information，25（2）：299-335.

Corley K G，Harquail C V，Pratt M G，et al.，2006. Guiding organizational identity through aged adolescence[J]. Journal of Management Inquiry，15（2）：85-99.

Côté R P，2000. It's not waste until it's wasted[J]. Alternatives Journal，26：32-37.

D'Aveni R，2001. Strategic supremacy[M]. New York：The Free Press.

Dutton J E，Dukerich J M，1991. Keeping an eye on the mirror：image and identity in organizational adaptation[J]. Administrative Science Quarterly，34（3）：517-554.

Ernst J，Schleiter A J，2021. Organizational identity struggles and reconstruction during organizational change：narratives as symbolic，emotional and practical glue[J]. Organization Studies，42（6）：891-910.

Freeman J H，1978. The unit of analysis in organizational research. In Environments and organizations，335-351. Ed. Marshall W. Meyer. San Francisco：Jossey-Bass.

Fuchs S，2001. Against essentialism：a theory of culture and society[M]. Cambridge and London：Harvard University Press.

Gioia D A，Patvardhan S D，Hamilton A L，et al.，2013. Organizational identity formation and change[J]. The Academy of Management Annals，7（1）：123-193.

Gioia D A，Schultz M，Corley K G，2000. Organizational identity，image and adaptive instability[J]. Academy of Management Review，25（1）：63-81.

Granovetter M，1973. The strength of weak ties[J]. American Journal of Sociology，6（78）：1360-1380.

Gustafson L T，Reger R K，1995. Using organizational identity to achieve stability and change in high velocity environments[J]. Academy of Management Annual Meeting Preceedings，（1）：464-468.

Heracleous L，2004. Boundaries in the study of organization[J]. Human Relations，57（1）：95-103.

Hernes T. 2003. Enabling and constraining properties of organizational boundaries. In Paulsen N.，Hernes Y. 2003. Eds. Managing boundaries in organizations：multiple perspectives. New York：Palgrave Macmillan.

Hernes T，Paulsen N，2003a. Introduction：boundaries and organization. In Paulsen N.，Hernes Y. 2003. Eds. Managing boundaries in organizations：multiple perspectives. New York：Palgrave Macmillan.

Hernes T，Paulsen N，2003b. Epilogue：a reflection and future directions. In Paulsen N.，Hernes Y.

2003. Eds. Managing boundaries in organizations: multiple perspectives. New York: Palgrave Macmillan.

Hogg M A, Terry D J, 2000. The dynamic, diverse, and variable faces of organizational identity[J]. Academy of Management Review, 25 (1): 150-152.

Homans G C, 1950. The human group[M]. New York: Harcourt, Brace & World.

Hond F D, 2000. Industrial ecology: a review[J]. Regional Environmental Change, 1 (2): 60-69.

Jacobsen N, Anderberg S, 2005. Understanding the evolution of industrial symbiotic networks: The case of kalundborg [C]. In Economics of Industrial Ecology-Materials, Structural Change and Spatial Scales; Cambridge: MIT Press.

Jelinski L W, Graedel T E, Laudise R A, et al., 1992. Industrial ecology: concepts and approaches[J]. Proceedings of the National Academy of Sciences, 89 (3): 793-797.

Korhonen J, 2005. Industrial ecology for sustainable development: six controversies in theory building[J]. Environmental Values, 14 (1): 83-112.

Korhonen J, Snäkin J P, 2005. Analysing the evolution of industrial ecosystems: concepts and application[J]. Ecological Economics, 52 (2): 169-186.

Krzakiewicz K, Cyfert S, 2012. The role of leaders in managing organisation boundaries[J]. Management, 16 (1): 7-22.

Lany T A, Baum J A C, 1995. Cognitive sources of socially constructed competitive groups. In The Institutional Construction of Organizations: International and Longtudinal Studies, 15-38, ed. W. Richard Scott and Søren Christensen. Thousand Oaks: Sage.

Laumann E O, Knoke D, 1988. The organization state: social choice in national policy domains[M]. Madison: University of Wisconsin Press.

Laumann E O, Marsden P V, Prensky D, 1983. The boundary specification problem in network analysis. In Applied network analysis, 18-34, ed. Ronald S. Burt and Michael J. Minor. Beverly Hills: Sage.

Manev I M, Stevenson W B, 2001. Balancing ties: boundary spanning and influence in the organization's extended network of communication[J]. The Journal of Business Communication，38（2）：183-205.

March J G，Simon H A，1958. Organizations[M]. New York：John Wiley.

Melanen M，Korhonen J，2008. Editorial II：The dimensions of industrial symbioses and their system boundaries[J]. Progress in Industrial Ecology—An International Journal，56（56）：389-398.

Miller E J，Rice A K，1967. Systems of organization：the control of task and sentient boundaries[M]. London：Tavistock Publications.

Paquin R L，Howard-Grenville J，2012. The evolution of facilitated industrial symbiosis[J]. Journal of Industrial Ecology，16（1）：83-93.

Pakarinen S，Mattila T，Melanen M，et al.，2010. Sustainability and industrial symbiosis-The evolution of a Finnish forest industry complex[J]. Resources，Conservation and Recycling，54（12）：1393-1404.

Patvardhan S D，Gioia D A，Hamilton A L，2015. Weathering a meta-level identity crisis：forging a coherent collective identity for an emerging field[J]. Academy of Management Journal，58（2）：405-435.

Perrow C，1986. Complex organizations：a critical essay[M]. 3rd ed. New York：McGraw-Hill.

Pfeffer J，1997. New directions for organization theory：problems and prospects[M]. New York：Oxford University Press.

Porac J F，Thomas H，Badden-Fuller C，1989. Competitive groups as cognitive communities：the case of the Scottish knitwear manufacturers[J]. Journal of Management Studies，26（4）：397-416.

Pfeffer J，Salancik G R，1978. The external control of organizations：a resource dependence perspective[M]. New York：Harper and Row.

Roberts B H，2004. The application of industrial ecology principles and planning guidelines for the development of eco-industrial parks：an Australian case study[J]. Journal of Cleaner Production，12（8-10）：997-1010.

Santos F M，Eisenhardt K M，2005. Organizational boundaries and theories of organization[J].

Organization Science，16（5）：491-508.

Scott W R，1964. Theory of organization. In handbook of modern sociology，edited by Robert E.L. Faris. Chicago：Rand-McNally.

Scott W R，2003. Organizations：rational，natural and open systems[M]. 4th ed. New Jersey：Pearson Education，Inc.

Scott W R，2004. Reflections on a half-century of organizational sociology[J]. Annual Review of Sociology，30：1-21.

Starbuck W H，1976. Organizations and their environments. In Handbook of industrial and organizational psychology，edited by Marvin D. Dunnette，1069-123. New York：John Wiley.

Voss Z G，Cable D M，Voss G B，2006. Organizational identity and firm performance：what happens when leaders disagree about "Who we are？" [J]. Organization Science，17（6）：741-755.

Walker S，Creanor L，2005. Crossing complex boundaries：transnational online education in European trade unions[J]. Journal of Computer Assisted Learning，21（5）：343-354.

Weick K E，1979. The social psychology of organizing[M]. 2nd ed. New York：Random House.

Whetten D A，Godfrey P C，1998. Identity in organizations：building theory through conversations[M]. Thousand Oaks：Sage.

Whetten D A，Mackey A，2002. Social actor conception of organizational identity and its implications for the study of organizational reputation[J]. Business and Society，41（4）：393-414.

Xu L，Liu H，Wang S，et al.，2009. Modelling and analysis techniques for cross-organizational workflow systems[J]. Systems Research and Behavioral Science，26（3）：367-389.

Zeleny M，1996. On the social nature of autopoietic systems. In Khalil，E.L. & Boulding，K.E.（eds.）Evolution，Order and Complexity. London：Routledge.

Zhu Q，Côté R P，2004. Integrating green supply chain management into an embryonic eco-industrial development：a case study of the Guitang Group[J]. Journal of Cleaner Production，12（8-10）：1025-1035.

第 3 章

循环经济系统超越边界的驱动机制与驱动因素

3.1 循环经济系统超越边界的驱动机制

本书分别基于组织身份理论、制度同构理论和市场机制，阐释循环经济系统超越边界的驱动机制。

3.1.1 组织身份理论

作为由组织成员集体建构的组织，组织身份将组织成员凝聚在一起，使组织系统具有内在一致性（王成城 等，2010）。在循环经济系统中，这种内在一致性表现为循环经济系统成员对循环经济的理念、价值观和行为方式形成了统一的认知，从而决定了循环经济系统在演进过程中需要持续关注的方向。其中，通过交流合作，不断识别并建立副产品和废弃物利用的产业共生关系，成为循环经济系统以及成员的核心能力。这种核心能力，必然体现在循环经济系统的决策和战略的制定过程中（郭金山和芮明杰，2004）。当循环经济系统在发展过程中遇到新的问题时，建立新的产业共生关系，引入新的成员成为重要的解决途径。例如，卡伦堡循环经济系统在演进过程中，为使当地农业生产中的秸秆残渣得到资源化利用并促进低碳经济的发展，引入了 Inbicon 公司（该公司将秸秆残渣作为生产乙醇的原料），新建了当地农场和 Inbicon 公司之间的产业共生关系（Branson，2016），使 Inbicon 公司成为卡伦堡循环经济系统的新成员。这意味着卡伦堡循环经济系统超越了已有的系统边界，通过纳入新的成员，形成了新的循环经济系统，从而实现循环经济系统规模的扩展。又如，积极应对气候变化是循环经济系统今后发展必然面对的重要问题，产业共生在实现二氧化碳减排方面能够发挥重要的作用（Sun et al.，2017；Yu et al.，2015；Dong et al.，2013；Sokka et al.，2011；Van Berkel，2010），可以因地制宜地将生物质发电厂引入原有循环经济系统，与原有系统成员建立产业共生关系，以减少或替代系统中电力生产所需的化石能源。因此，循环经济系统的核心能力塑造了循环经济系统成员与外部企业交流合作的方式，推动循环经济系统在核心能力的持续作用下拓展产业共生关系，超越原有循环经济系统的边界。这种核心能力的基础，来源于在循环经济系统组织身份建构过程中系统成员对循环经济系统的核心理念与行为方式的深刻理解，以及在实践中的感受和验证。由此可见，在循环经济系统组织身份的运行机制作用下，循环经济系统具备了持续的竞争力和生命力。循环经济系统的组织身份，一方面能够维系已有循环经济系统边界的运行；另一方面也会驱使循环经济系统超越原有的边界，从而使循环经济实现系统规模的扩展。并且，由于组织身份机制的作用，循环经济系统在规模扩展的同时，循环经济理念以及通过拓展产业共生关系应对资源环境挑战的这种创新方式也会得到传播。这与组织科学领域的学者关于超越边界对推动理念和创新的传播具有重要作用的观点是一致的（Walker and Creanor，2005；Granovetter，1973）。

3.1.2　制度同构理论

制度同构理论（theory of institutional isomorphism）是组织社会学新制度主义的核心理论（田湘波，2018；陈菲，2009），由 DiMaggio 和 Powell（1983）两位学者共同提出。该理论认为，同构强调了一种约束性过程（constraining process），这一过程促使群体中的某一单位在面临相同环境条件时变得与其他单位相似。在群体的层面，这种过程意味着组织的特征将向着与环境越来越兼容的方向改进。

制度同构理论要解决的核心问题是为何组织的结构和实践越来越相似，使组织趋于同质化、推动组织结构和行为趋同的原因是什么（郑烨　等，2020）。

DiMaggio 和 Powell（1983）明确提出了推动组织趋同的 3 种机制，即强制同构（coercive isomorphism）机制、模仿同构（mimetic isomorphism）机制和规范同构（normative isomorphism）机制。在实践中，组织的管理决策会受这 3 种机制的显著影响（钟榴和郑建国，2014；Scott，1987）。制度同构理论的 3 种趋同机制具有很强的操作性，受到学术界的广泛关注，被视为重要的分析方法得到迅速应用并向其他学科领域扩展（田湘波，2018）。目前，制度同构理论尚未被系统用于循环经济领域的研究，本研究将该理论用于对循环经济系统超越边界驱动机制的分析阐释。

（1）强制同构机制

强制同构机制来源于由社会中的其他组织或社会期望对某一组织施加的正式及非正式的压力。这种压力可以被感知为一种强制力，也可被感知为一种说服力或一种希望共同参与的邀请。强制同构压力通常由具备强制力的政府施加，并借助法律法规的实施来实现，这意味着迫使组织采取特定的形式、结构及行动（Suchman，1995）。强制同构机制在约定组织必须承担的责任的同时，也会相应使组织获得合法的存续地位（张祺瑞和李根强，2020）。

对循环经济系统而言，强制同构的压力将通过强制性方式影响循环经济系统决策的制定，主要通过政府颁布有利于推动实施循环经济的法律法规来实现。这些法律法规，对驱动循环经济系统超越边界具有重要作用。例如，在卡伦堡循环经济系统中，当地政府颁布法律禁止生物制药厂产生的富含营养物质的废渣排入海洋（Branson，2016），这促使生物制药厂通过与当地农场建立产业共生关系将这种废渣进行充分利用，农场也被作为新的成员纳入该循环经济系统，从而使卡伦堡循环经济系统超越了原有的系统边界，形成新的循环经济系统。又如，《中华人民共和国清洁生产促进法》和《中华人民共和国循环经济促进法》专门规定了体现产业共生关系建立的相关内容。如《中华人民共和国清洁生产促进法》第三章第二十六条指出："企业应当在经济技术可行的条件下对生产和服务过程中产生的废物、余热等自行回收利用或者转让给有条件的其他企业和个人利用。"《中华人民共和国循环经济促进法》第四章第三十六条指出："企业对生产过程中产生的废物不具备综合利用条件的，应当提供给具备条件的生产经营者进行综合利用。"上述法律中的相关要求，有助于促使循环经济系统采取相应的行动，即寻求建立相应的产业共生关系，从而驱动循环经济系统超越已有的系统边界。

（2）模仿同构机制

组织在面临不确定问题时，往往会主动采取同一组织领域中其他组织在面对相似的不确定问题时通常采用的解决方式，即通过对成功组织的模仿来降低不确定性带来的风险，意味着学习并接受其他组织的成功经验（田湘波，2018）。当某一循环经济系统或其成员发现其他循环经济系统通过超越已有系统边界，建立某些新的产业共生关系可以进一步实现已有系统的资源充分利用或废弃物处置时，会模仿其成功经验，建立类似的产业共生关系。例如，在卡伦堡循环经济系统中，对核心成员之一的燃煤火力发电厂而言，脱硫石膏和灰渣是其生产过程产生的主要固体废物，如何处置这些固体废物是电厂以及卡伦堡循环经济系统面临的挑战。卡伦堡循环经济系统引入了石膏板厂和水泥厂，使它们与电厂建立产业共生关系，从而使电厂的脱硫石膏和灰渣得到充分利用和有效处置，并实现了对原有系统边界的超越和系统规模的扩展。对于存在燃煤电厂的循环经济系统，在面临相似的问题时，可以模仿卡伦堡循环经济系统的成功经验，通过将能够发挥分解作用的企业引入系统，建立相应的产业共生关系，从而实现废弃物的充分利用，这将驱动循环经济系统超越原有的系统边界，实现循环经济系统的扩展。

（3）规范同构机制

规范同构主要源于专业化（professionalization）。DiMaggio 和 Powell（1983）指出，这种专业化包括组织成员接受专业化教育，以及形成能够快速传播新模式的跨组织的专业化网络。组织中的人员经过专业化训练后，将形成一种共同的思维和观念，用于指导组织遵循相同或相似的模式发展（郑烨　等，2020）。当组织成员，尤其是组织中的管理人员朝着专业化方向发展时，规范同构机制的作用会不断增强（DiMaggio and Powell，1983）。规范同构压力通常来自与组织关系密切的外部利益相关者，并转化为行业规范标准，从而对组织行为产生约束力（邹玉友　等，2022；钟榴和郑建国，2014）。此外，政府通过制定实施产业政策，可以促进规范同构机制的作用（浦天龙　等，2021）。

对于循环经济系统，规范同构机制主要体现在企业在实施循环经济的过程中，企业人员通过接受循环经济相关知识的培训而具备了循环经济专业化能力，形成了共同的循环经济理念和思维方式，从而使企业在实践中能够按照循环经济的模式发展。相关行业协会及管理部门作为循环经济实践的利益相关者，可以通过发布行业标准的方式，规范企业的循环经济实践活动。例如，环境保护部（2009）发布的《钢铁工业发展循环经济环境保护导则》（HJ 465—2009），为钢铁行业发展循环经济提供了重要依据。该导则提出了涉及钢铁企业建立产业共生关系的主要途径：①高炉渣加工水泥、矿渣粉、混凝土、砌砖等建筑材料。②构建以钢铁生产为中心，与石化、建材、能源等相关行业以及社会生活共享资源、企业共生的生态工业园，实现区域内物质循环。③提高钢铁工业消纳社会废弃物的能力，包括将废纸浆用于替代球团膨润土作有机黏结剂、废塑料作冶金燃料、铬渣炼钢等。这些内容表明钢铁生产企业可以同石化、建材、能源、铬盐等生产企业，以及社会生活消费系统建立产业共生关系。循环经济系统中的人员在接受这些循环经济发展规范的专业化培训后，将形成体现特定循环经济思维和产业共生关系模式的共同认知，在实践中促进各成员企业加强沟通，参照规范标准建立相应的产业共生关系，从而驱动涉及钢铁企业的循环经济系统超越原有的系统边界，进一步建立上述产业共生关系，实现循环经济系统的扩展。

3.1.3 市场机制

在循环经济及产业生态学领域，市场机制一直被研究者作为该领域概念框架中的一项重要选择（Boons，2012）。可以认为，市场机制对循环经济系统超越边界发挥了基础作用。废弃物的利用离不开潜在、可靠的市场（Bansal and Mcknight，2010；Gibbs，2003）。循环经济系统中的共生企业，如果自身产生的废弃物或副产品能够被其他企业利用并形成相对稳定的供求关系，将有助于实现产业共生关系的建立和运行，从而进一步驱动循环经济系统超越边界。例如，在卡伦堡循环经济系统中，生物制药厂以土豆和玉米为生产原料，在发酵过程中产生大量废渣。这种废渣富含营养物质，经杀菌、消毒后可被当地农场用作肥料，并相应减少农场化肥的施用量。这种废渣首先在一些农场得到了使用，随后使用废渣的农场数量迅速增加到数百个，使该生物制药厂产生的废渣得到了充分利用（Branson，2016；Ehrenfeld and Gertler，1997）。可见，当地农场使生物制药厂的废渣获得了可靠的市场需求保障，生物制药厂和农场之间建立的这一产业共生关系，形成了废渣供给和需求的平衡。这实际上推动了卡伦堡循环经济系统进一步超越边界，将农场纳入该循环经济系统，使卡伦堡循环经济系统实现了系统扩展和规模扩大。

在市场机制作用下，循环经济系统在超越边界过程中所形成的新的产业共生关系，往往建立在形成共生关系的企业彼此都获益的基础上。在上述生物制药厂与农场的产业共生关系中，农场通过利用生物制药厂的废渣节省了购买化肥的费用，并且，采用这种富含营养元素的生物质肥料替代化肥，将有助于提升农产品的附加值；生物制药厂则节省了处理大量废渣的费用。可见，这两个企业之间形成了互利共生的关系，从而更有利于产业共生关系的建立和运行。在实践中，为使建立共生关系的企业实现更高的经济效益，通常需要考虑用其他企业的废物或副产品替代市场价格高的原材料，以及促进处置成本高的废物能够被其他企业利用（Guo et al.，2016）。在这样的情况下，能够更有助于推动循环经济系统进一步超越边界。

在实践中，循环经济系统超越边界通常是由多种机制的综合作用实现的，而不是单纯依赖某一种机制。其相关研究已成为产业生态学和循环经济领域的重要问题。Desrochers（2004）检索了有关 19 世纪工业发展过程中废弃物在企业之间得到利用现象的文献，认为市场机制是驱动企业之间废弃物回收利用的唯一动力，并主张应当通过市场机制，而不应依靠政府的政策来激励循环经济的实践。Boons（2008）进一步深入分析了上述文献，发现单纯依靠市场机制不足以实现企业之间的废弃物利用，还需要非市场方的参与。在 19 世纪文献的一些案例中，政府在促进实现企业之间废弃物循环利用方面发挥了重要的作用，如政府颁布的法律法规对企业的相关行动产生了影响。因此，Boons（2008，2012）指出，Desrochers在研究中提出的主要论点，即企业之间的废弃物利用在自由市场条件下发展得最好，是存在严重缺陷的，不应对市场与政府采用二分法；市场机制在多大程度上促进了企业之间废弃物的利用，是一个重要的实际问题。Boons（2008）进一步强调，应当将企业之间废弃物利用的现象置于制度的背景下，这样才能够有助于我们正确和系统地理解驱动废弃物交换利用的机制，从而避免过于简单地得出结论。

可见，在认识市场机制作用的同时，还应当充分理解政府在推动企业之间废弃物利用、建立产业共生关系、实现循环经济系统超越边界的过程中发挥的作用。由 3.1.2 中对制度同构理论的分析可以发现，制度同构理论中的强制同构、模仿同构和规范同构 3 种机制实际上充分体现了政府的重要作用。在强制同构机制的作用下，政府施加的强制力会促使企业以建立产业共生关系的行动方式，展现自身在充分利用资源、减少废弃物排放方面所承担的责任并获得合法性。在模仿同构机制中，政府可以通过设立循环经济的示范项目（Geng et al.，2016），使其他企业或循环经济系统看到示范项目的成功做法和取得的经验，从而确信之前可能忽视的那些建立产业共生的机会，并在实践中对示范项目进行学习和模仿。在规范同构机制中，政府相关部门通过发布标准、指标等规范对循环经济系统的行动形成约束力（Geng et al.，2013），或通过实施优惠的产业政策，引导循环经济系统按照规范的要求或受产业政策的激励进一步建立相关的产业共生关系，从而超越循环经济系统的边界。借助制度同构理论，可以使我们更加深刻地理解政府在驱动循环经济系统超越边界的机制方面所发挥的重要作用。政府颁布的法律法规、设立的示范项目以及制定的标准，可以引导企业把握曾被忽视的市场机会，并形成一种之前没有的社会氛围，进而作用于市场，培育形成有利于实现循环经济系统扩展的市场机制。

同时，还应看到组织身份在循环经济系统超越边界驱动机制中具有的重要作用。循环经济系统的组织身份可以被理解为对循环经济系统的行为和决策具有重要影响的内在机制，目前尚未展开研究。在新的时代背景下，树立循环经济的理念和价值观，并选择相应的行为和决策方式已成为企业提升竞争力，实现可持续发展的必然选择，因此迫切需要在循环经济实践中加快培育循环经济系统的组织身份。在循环经济系统组织身份驱动机制的作用下，循环经济系统能够具备持久的能动性，即不断根据组织身份所规定特征的要求，探索新的产业共生关系，从而推动循环经济系统超越边界，实现循环经济系统规模的扩展。

由此可见，组织身份、制度同构以及市场机制，都是循环经济系统超越边界的重要驱动机制。对于这些驱动机制，我们应当认识到它们各自的重要作用，以及它们之间内在的相互促进作用，而不是纠结于哪一个更重要（Meisner-Rosen，2012）。

除了上述 3 种驱动机制，还应重视协调机制的作用。政府能够为建立区域循环经济系统发挥有效的协调作用（Boons，2012）。在英国循环经济系统的产业共生网络的演进过程中，国家产业共生项目（national industrial symbiosis project，NISP）为促进企业之间副产品交换利用发挥了重要的协调和促进作用，而这一项目是在政府的支持下展开的（Paquin and Howard-Grenville，2012）。在本书中，通过对我国国家级生态工业园区的调研发现，某些生态工业园区中的企业，在彼此日常的交流中发现其之间存在潜在的建立产业共生关系的机会后，通过向园区的政府部门咨询，以核实企业产生的废弃物及副产品的真实性。这些园区的政府部门，通常是生态环境部门和经济发展部门等与循环经济和生态工业园发展职能相关的部门，在新的产业共生关系的建立过程中发挥了咨询和协调的作用，从而有效地促进了这些产业共生关系在实践中的建立和运行，实现循环经济系统超越边界，在园区地域空间上进一步扩展。除政府部门外，社会组织也发挥了重要的作用，如中国循环经济协会，能够在整个国家层面为普及循环经济理念和价值观、促进循环经济系统的组织身份建构以及推广用于产业共生关系建立的支撑技术等方面发挥重要作用。研究发现，在循环经济系统示范项目的规划设计中，通过企业、政府、高校等科研机构的共同参与及合作，可以帮助循环经济系统识别新的产业共生关系，并促进这些产业共生关系在实践中的建立，从而超越循环经济系统的边界（Liu et al.，2015）。因此，协调机制需要依靠多利益相关方的共同参与。在协调机制的作用下，能够促进市场机制与其他驱动机制之间的结合，使区域废弃物交换利用的市场更加规范和透明，进而促进循环经济系统在实践中建立新的产业共生关系，从而超越已有的系统边界，实现循环经济系统规模的扩展。

3.2　循环经济系统超越边界的驱动因素

通过对文献的系统检索和分析，与循环经济系统超越边界相关的驱动因素主要可归纳为资源、政府、经济、企业、技术和社会 6 类。

3.2.1　资源

循环经济系统的建立和运行通常以特定区域的资源为基础，并通过不断完善和建立新的产业共生关系，实现超越边界和演进。例如，芬兰乌伊马哈尤循环经济系统是依托当地森林资源而建立的，以林木采伐、造纸和热电联产企业为核心。为使副产品和废弃物得到充分利用，该循环经济系统不断寻求建立新的产业共生关系，引入更多成员加入，使系统超越原有的系统边界，从而推动实现系统规模的扩展和演进（Korhonen and Snäkin，2005）。资源短缺往往是驱动循环经济系统建立产业共生关系的重要因素。例如，卡伦堡循环经济系统位于沿海地区，当地淡水资源相对短缺，这使该系统在淡水资源的高效利用方面不断探索建立新的产业共生关系，使更多企业围绕水资源的交换利用和废水处理加入系统，从而推动卡伦堡循环经济系统超越系统边界，实现系统规模的扩展和演进（Jacobsen and Anderberg，2005；Ehrenfeld and Gertler，1997）。我国潍坊滨海经济技术开发区循环经济系统的发展主要依托当地的地下卤水资源，虽然当地地下卤水资源储量丰富，但地下卤水为不可再生资源，随着生产规模的不断扩大，地下卤水的品位逐渐下降，必然会制约该地区产业的持续发展。这促使该循环经济系统在演进过程中，围绕地下卤水的梯级利用和替代建立了一系列产业共生关系（Liu and Zhang，2013），实现系统边界的扩展。Van Berkel 等（2009）的研究指出，日本土地资源的匮乏促使产业共生关系逐渐扩展到整个城市层面，对推动生态城市建设发挥了重要作用。此外，循环经济系统中某企业的废弃物如果能够被资源化利用，这种废弃物的"可利用性"也会吸引其他企业在其附近建厂，便于就近利用其废弃物，建立产业共生关系（Yazan et al.，2016）。如卡伦堡循环经济系统中，电厂烟气脱硫后形成的脱硫石膏，可以用于生产石膏板，石膏板厂为了就近获得生产原料，选择在电厂附近建厂，并成为卡伦堡循环经济系统的成员之一（Branson，2016）。

3.2.2　政府

（1）法规标准

面临严峻的资源与环境问题的挑战，政府通过制定越来越严格的法规、标准来控制企业废弃物的排放。严格的法律法规和标准体系，能够促使企业通过建立产业共生关系，实现副产品和废弃物的充分利用，同时，还能在一定程度上影响社会氛围，为推动循环经济系统超越边界营造积极的社会环境（Yu et al.，2015；Lehtoranta et al.，2011；Wang et al.，2011；Costa et al.，2010；Park et al.，2008；张凯，2007；Ehrenfeld and Gertler，1997）。例如，环境法规的完善是推动丹麦卡伦堡循环经济系统产业共生关系建立和系统演进的重要驱动因素之一（Jacobsen and Anderberg，2005）。芬兰通过制定和实施严格的环境法规以及土地利用制度，促进造纸厂与热电厂等企业之间建立产业共生关系，从而推动当地循环经济系统超越边界，实现了系统的演进（Lehtoranta et al.，2011）。英国、葡萄牙、瑞士等制定了废弃物管理制度，对各自循环经济系统内产业共生关系的建立产生了积极的影响（Costa et al.，2010）。在我国，政府通过对造纸行业实施分阶段逐步加严的排放标准，有效推动了造纸行业循环经济系统的扩展（Wang et al.，2011；张凯，2007）。

（2）金融支持

政府除制定严格的法律法规外，还提供税收减免、退税政策、价格支持和公共补贴等金融支持，促进企业进行资源充分利用和废弃物的再利用，从而有效激励企业建立产业共生关系，为循环经济系统实现规模扩展创造条件（Fraccascia et al.，2017；Yu et al.，2015；Zhang et al.，2010；Zhu et al.，2007；Sterr and Ott，2004）。政府可以在建设用于副产品交换利用的设备、管道以及与产业共生相关的其他设施方面实施激励措施。此外，还可以对资源综合利用型企业实施减税和退税的优惠政策。例如，英国政府通过减免税收来鼓励热电联产，制定激励政策来鼓励企业间建立产业共生关系，提高环境绩效，并推动循环经济系统超越边界（Mirata，2004）。我国在《中华人民共和国循环经济促进法》中也明确规定了对促进循环经济发展的产业活动给予税收优惠等财政支持。

3.2.3　经济

（1）经济效益

循环经济系统中产业共生关系的建立通常能够产生较好的经济效益。当企业认识到产业共生关系所带来的经济效益时，会更加乐于加强合作交流并建立产业共生关系，从而推动循环经济系统超越边界。一般而言，企业之间通过副产品和废弃物的交换利用，可以替代部分生产原料，节约原料，减少废弃物排放，并相应节省废弃物的处理费用；此外，还可以节约运输成本。这些方面，都有助于使建立产业共生关系的企业降低生产成本，实现经济效益，从而激励企业主动寻找建立产业共生关系的可能性（Yu et al.，2015；Park et al.，2008；Tudor et al.，2007；Jacobsen and Anderberg，2005；Fichtner et al.，2005）。

（2）投资回收期

产业共生关系的建立，虽然能够实现废弃物的充分利用，但废弃物的利用往往需要新的技术和设备的投资，企业必然需要考虑投资回报等问题，尤其对于中小企业而言。研究表明，较短的财务投资回收时间更有利于企业建立产业共生关系，通常可采用以补贴形式提供财政援助和低息贷款的方式，缩短企业的投资回收时间（Teh et al.，2014；Mirata，2004）。

（3）新的商业机遇

循环经济系统通过建立新的产业共生关系，往往能够生产出新的产品，为建立产业共生关系的企业创造新的商业机遇（Fraccascia et al.，2016；Short et al.，2014），从而能够进一步提高企业的市场竞争力以及应对市场变化的能力，这将激发企业建立产业共生关系的动力。

3.2.4　企业

（1）思想的接近

企业彼此之间的思想的接近（short mental distance）可以有效克服交流与合作方面的障碍，促进企业之间达成共识，促进产业共生关系的建立（Branson，2016；Ehrenfeld and Gertler，1997）。这将有利于促使建立产业共生关系的新企业接受循环经济的理念、价值观和行为方式，形成对循环经济系统组织身份的认知，并成为循环经济系统新的成员，与之前的循环经济系统成员一起组成新的循环经济系统，从而实现循环经济系统超越边界和系统的扩展。因此，思想的接近有助于促进循环经济系统组织身份的传播和扩展，是循环经济系统超越边界的重要驱动因素。

（2）相互信任

循环经济系统中的共生企业需要彼此了解对方企业的废弃物及副产品的种类、数量、成分等信息，才能够有效地建立产业共生关系。这些信息的共享需要建立在这些企业彼此相互信任的基础上才能得以实现。因此，企业之间的相互信任，是建立产业共生关系的前提，也是推动循环经济系统超越边界和演进的重要因素。共生企业在相互信任的基础上进行交流和沟通，能够有效实现信息以及设施的共享，提高建立产业共生关系的意愿；同时，还能够降低交易风险和准入壁垒，消除企业间合作的不确定性，从而提高企业建立产业共生关系的意愿，推动循环经济系统的扩展和演进（Boons et al.，2017；Doménech and Davies，2011；Ashton，2008；Gibbs and Deutz，2007；Fichtner et al.，2005）。

（3）安全

对于利用废弃物和副产品的企业而言，废弃物和副产品供应的安全性是产业共生关系建立的重要问题。因此，获得供应安全的保障能够有效促进产业共生关系的建立（Ehrenfeld and Gertler，1997）。循环经济系统通常表现为若干共生企业在特定区域上的聚集，这种集群运行的安全性必然需要考虑（Reniers et al.，2009），尤其对于涉及化工企业的循环经济系统而言，集群的安全性是促进产业共生关系建立的重要因素。此外，对废弃物利用能够进行有效的风险管理也将有助于产业共生关系的建立（Beers et al.，2007）。

（4）意识

高水平的环保意识、对废弃物和副产品的重新认识以及对循环经济相关概念的理解能够激励企业寻求废弃物交换和回收利用的机会（Teh et al.，2014；Barlas，2002；Baas，1998）。产业共生关系的成功建立在很大程度上取决于企业管理者。企业管理者需要具备高水平的环保意识，认识到提高企业的生态效率是时代发展对企业提出的必然要求，也是企业提高自身竞争力的必然选择。同时，需要转变对废弃物概念的理解和处理方式，认识到通过建立产业共生关系的方式可以有效实现废弃物的资源化利用，同时减少废弃物对环境造成的影响。企业管理者意识的提升将进一步提高企业员工的意识，从而有利于识别和建立更多的产业共生关系。

3.2.5 技术

产业共生关系的建立需要技术创新的支撑（Beers et al.，2007）。循环经济系统通过不断地技术创新，淘汰落后的生产技术，引入并开发新的技术和工艺，能够不断发掘废弃物和副产品资源化利用的途径，从而吸收新的共生成员加入，推动循环经济系统超越边界，实现系统的演进。能源技术、环境技术、新兴技术、技术创新及改进可以为企业促进废弃物再利用提供技术支撑（Pakarinen et al.，2010；Park et al.，2008；Beers et al.，2007；Korhonen and Snäkin，2003）。例如，芬兰 North Karelia 循环经济系统围绕热能利用，通过持续的技术创新，提高了该系统内部能源的多样性，吸引了更多成员加入该循环经济系统，使能量得到更加充分的利用，从而推动了该循环经济系统的超越边界和演进（Korhonen and Snäkin，2003）。澳大利亚 Kwinana 循环经济系统中，炼铁厂通过实施新的生产技术，识别了一系列产业共生的机会，并吸引其他企业加入循环经济系统（Beers et al.，2007），实现了循环经济系统的扩展。

3.2.6 社会

社会组织或"支持系统"（support system）的存在是循环经济系统高效运行的重要因素（Baas，1998），如活跃的行业协会或提供信息共享服务的支持系统（Ehrenfeld and Gertler，1997），它们能够帮助企业寻找在更大范围内建立产业共生关系的机会，对于推动循环经济系统超越边界，实现循环经济系统的拓展具有重要作用（Baas，1998）。

表 3-1 汇总了循环经济系统超越边界的驱动因素。

表 3-1　循环经济系统超越边界的驱动因素

类别	驱动因素	基本内容	文献来源
资源	资源短缺	资源的短缺可以促进水资源和物质的再利用，从而有助于循环经济系统超越边界	（Liu and Zhang，2013；Bain et al.，2010；Van Berkel et al.，2009；Korhonen and Snäkin，2005；Jacobsen and Anderberg，2005；Ehrenfeld and Gertler，1997）
	废弃物的可利用性	废弃物的可利用性可以促使一个企业选择与提供其废弃物的企业就近建立产业共生关系	（Yazan et al.，2016）
政府	法规标准	政府颁布的环境法规和标准可促使企业进行废弃物的再利用，并为循环经济系统新的产业共生关系的建立创造良好的氛围	（Yu et al.，2015；Lehtoranta et al.，2011；Wang et al.，2011；Costa and Ferrão，2010；Costa et al.，2010；Park et al.，2008；Tudor et al.，2007；张凯，2007；Ehrenfeld and Gertler，1997）
	金融支持	政府提供的金融支持（如税收减免或退税、价格支持以及政府补助），有助于推动企业充分利用资源和废弃物	（Fraccascia et al.，2017；Yu et al.，2015；Zhang et al.，2010；Zhu et al.，2007；Sterr and Ott；2004；Mirata，2004）
经济	经济效益	通过废弃物利用、节约运输成本以及原料替代等实现的经济效益，能够有力推动企业寻求建立新的产业共生关系的机会	（Yu et al.，2015；Park et al.，2008；Tudor et al.，2007；Fichtner et al.，2005；Jacobsen and Anderberg，2005；Heeres et al.，2004；Ehrenfeld and Gertler，1997）
	投资回收期	较短的投资回收期有利于促使企业对建立共生关系所需的新的技术和设施进行投资	（Teh et al.，2014；Mirata，2004）
	新的商业机会	通过建立共生关系可以生产新产品，从而为共生企业带来新的商业机会	（Fraccascia et al.，2016；Short et al.，2014）
企业	思想接近	企业之间思想的接近可以克服与合作相关的障碍，从而有利于企业共享信息、达成共识，从而建立产业共生关系	（Branson，2016；Ehrenfeld and Gertler，1997）
	信任	企业之间的相互信任有利于企业减少交易风险、共享信息并推动形成建立产业共生关系的意愿	（Boons et al.，2017；Boons and Spekkink，2012；Doménech and Davies，2011；Ashton，2008；Gibbs and Deutz，2007；Fichtner et al.，2005；Gibbs，2003；Baas，1998）

类别	驱动因素	基本内容	文献来源
企业	安全	通过废弃物利用可以减少与处置和管理废弃物过程相关风险的产生，从而有利于推动共生关系的建立	（Reniers et al.，2009；Beers et al.，2007；Ehrenfeld and Gertler，1997）
	意识	较高的环保意识、对废弃物副产品可利用性的意识，以及对循环经济和产业生态概念的理解，能够激发企业寻求废弃物交换利用的可能性	（Teh et al.，2014；Barlas，2002；Baas，1998）
技术	技术创新	能源技术、环境技术、新兴技术、技术创新及改进，往往有助于为企业提供实现废物利用的解决方案	（Pakarinen et al.，2010；Park et al.，2008；Beers et al.，2007；Korhonen and Snäkin，2003）
社会	社会组织或支持系统	相关社会组织或支持系统的存在，有利于帮助企业寻找建立产业共生关系的机会	（Baas，1998；Ehrenfeld and Gertler，1997）

3.3 驱动机制与驱动因素之间的关系

由本章上述研究可以发现，循环经济系统超越边界的驱动机制和驱动因素之间具有重要的内在联系。例如，在驱动因素中，严格的法律法规能够促使企业通过建立产业共生关系，减少污染物的排放。而在驱动机制中，如制度同构机制中的强制同构机制，正是主要通过政府颁布能够促进企业实施循环经济的法律法规，从而以强制性方式影响循环经济系统的决策实现的。由此可见，法律法规的驱动因素，是实现强制同构机制的重要途径。并且，如 3.1 所述，驱动因素中的政府因素，又对推动强制同构机制的运行具有关键作用。又如，在驱动因素中的经济因素方面，当产业共生关系能够为企业带来经济效益或创造新的商业机遇时，能够有效推动循环经济系统超越边界，这正是驱动机制中市场机制运行的重要体现。此外，在企业因素中，企业具备良好的生态环境保护意识以及彼此之间思想的接近，有助于循环经济系统组织身份的构建和传播，因此与驱动机制中的组织身份机制具有密切关系。

由此可见，对循环经济系统超越边界的驱动机制和驱动因素进行系统分析和归纳，有助于更全面地理解循环经济系统超越边界的动力。

3.4　本章小结

本章基于组织身份理论、制度同构理论和市场机制，结合循环经济实践的特征，构建了循环经济系统超越边界的驱动机制的理论框架。在实践中，循环经济系统的超越边界是由多种机制的综合作用实现的，组织身份、制度同构以及市场机制，都是循环经济系统超越边界的重要驱动机制。此外，协调机制能够促进市场机制与其他驱动机制之间的结合，使区域废弃物交换利用的市场更加透明，进而促进循环经济系统超越已有的系统边界，实现循环经济系统规模的扩展。

通过对文献的系统检索和分析，与循环经济系统超越边界相关的驱动因素主要可归纳为资源、政府、经济、企业、技术和社会六大类，其中每一大类中又包括若干小类。

循环经济系统超越边界的驱动机制和驱动因素之间具有重要的内在联系，系统分析归纳驱动机制和驱动因素，有助于更全面地揭示循环经济系统超越边界的动力，并指导循环经济系统在实践中建立超越边界的产业共生关系。

参考文献

陈菲，2009. 制度同构理论与欧洲一体化——以欧盟监察专员制度的建立为案例[J]. 世界经济
　　与政治（4）：64-71.

郭金山，芮明杰，2004. 当代组织同一性理论研究述评[J]. 外国经济与管理，26（6）：2-9.

环境保护部，2009. 钢铁工业发展循环经济环境保护导则：HJ 465—2009[S]. https://www.mee.
　　gov.cn/ywgz/fgbz/bz/bzwb/other/qt/200903/W020111114514087534641.pdf.

浦天龙，张巍，万相昱，2021. 企业创新驱动发展的国家战略进路——模仿性、强制性同构到

规范性同构[J]. 河南师范大学学报（哲学社会科学版），48（5）：67-72.

田湘波，2018. 制度同构理论视角下国家监察体制改革的价值追求[J]. 湖湘论坛（2）：144-150.

王成城，刘洪，李晋，2010. 组织身份及其衍生构念实证研究述评[J]. 外国经济与管理，32（1）：15-24.

张凯，2007. 一剂猛药下的新生——对山东造纸工业污染防治的认识[J]. 环境保护（17）：23-25.

张祺瑞，李根强，2020. 制度趋同压力、组织身份对企业社会责任信息披露的影响研究[J]. 四川师范大学学报（社会科学版），47（1）：37-47.

郑烨，姜蕴珊，任牡丹，等，2020. 理性选择与制度同构：省级政府"放管服"改革实施行为及诱因分析[J]. 北京工业大学学报（社会科学版），20（6）：80-90.

钟榴，郑建国，2014. 制度同构下的绿色管理驱动力模型与创新路径研究[J]. 科技进步与对策，31（12）：12-16.

邹玉友，马天一，田国双，2022. 制度同构压力、企业生命周期与碳信息披露质量[J]. 统计与信息论坛，37（12）：78-88.

Ashton W，2008. Understanding the organization of industrial ecosystems[J]. Journal of Industrial Ecology，12（1）：34-51.

Baas L，1998. Cleaner production and industrial ecosystems，a Dutch experience[J]. Journal of Cleaner Production（6）：189-197.

Bain A，Shenoy M，Ashton W，et al.，2010. Industrial symbiosis and waste recovery in an Indian industrial area[J]. Resources，Conservation and Recycling，54（12）：1278-1287.

Bansal P，Mcknight B，2010. Looking forward，pushing back and peering sideways：analyzing the sustainability of industrial symbiosis[J]. Journal of Supply Chain Management，45（4）：26-37.

Barlas Y，2002. System Dynamics：Systemic Feedback Modeling for Policy Analysis in Knowledge For Sustainable Development—An Insight into the Encyclopedia of Life Support Systems；UNESCO Publishing-Eolss Publishers：Paris，France；Oxford，UK.

Beers D，Bossilkov A，Corder G，et al.，2007. Industrial symbiosis in the Australian minerals industry：the cases of Kwinana and Gladstone[J]. Journal of Industrial Ecology（11）：55-72.

Boons F，2008. History's lessons：a critical assessment of the Desrochers Papers[J]. Journal of Industrial Ecology，12（2）：148-158.

Boons F，2012. Freedom versus coercion in industrial ecology：mind the gap! [J]. Econ Journal Watch，9（2）：100-111.

Boons F，Spekkink W，2012. Levels of institutional capacity and actor expectations about industrial symbiosis[J]. Journal of Industrial Ecology，16（1）：61-69.

Boons F，Chertow M R，Park J，et al.，2017. Industrial symbiosis dynamics and the problem of equivalence：proposal for a comparative framework[J]. Journal of Industrial Ecology，21（4）：938-952.

Branson R，2016. Re-constructing Kalundborg：the reality of bilateral symbiosis and other insights[J]. Journal of Cleaner Production（112）：4344-4352.

Costa I，Ferrão P，2010. A case study of industrial symbiosis development using a middle-out approach[J]. Journal of Cleaner Production（18）：984-992.

Costa I，Massard G，Agarwal A，2010. Waste management policies for industrial symbiosis development：case studies in European countries[J]. Journal of Cleaner Production，18（8）：815-822.

Desrochers P，2004. Industrial symbiosis：The case for market coordination[J]. Journal of Cleaner Production，12（8-10）：1099-1110.

Dimaggio P J，Powell W W，1983. The iron cage revisited：institutional isomorphism and collective rationality in organizational fields[J]. American Sociological Review，48（2）：147-160，150.

Doménech T，Davies M，2011. The role of embeddedness in industrial symbiosis networks：phases in the evolution of industrial symbiosis networks[J]. Business Strategy and the Environment，20（5）：281-296.

Dong H，Geng Y，Xi F，et al.，2013. Carbon footprint evaluation at industrial park level：a hybrid life cycle assessment approach[J]. Energy Policy（57）：298-307.

Ehrenfeld J，Gertler N，1997. Industrial ecology in practice：the evolution of interdependence at

Kalundborg[J]. Journal of Industrial Ecology，1（1）：67-79.

Fichtner W，Tietze-Stöckinger I，Frank M，et al.，2005. Barriers of interorganisational environmental management: two case studies on industrial symbiosis[J]. Progress in Industrial Ecology，An International Journal，2（1）：73-88.

Fraccascia L，Magno M，Albino V，2016. Business models for industrial symbiosis: A guide for firms[J]. Procedia Environmental Science，Engineering and Management（3）：83-93.

Fraccascia L，Giannoccaro I，Albino V，2017. Efficacy of landfill tax and subsidy policies for the emergence of industrial symbiosis networks: an agent-based simulation study[J]. Sustainability（9）：521.

Geng Y，Sarkis J，Ulgiati S，et al.，2013. Measuring China's circular economy[J]. Science，339（29 March）：1526-1527.

Geng Y，Sarkis J，Ulgiati S，2016. Sustainability，well-being，and the circular economy in China and worldwide[J]. Science，6278（Supplement）：73-76.

Gibbs D，2003. Trust and networking in inter-firm relations: the case of eco-industrial development[J]. Local Economy: The Journal of the Local Economy Policy Unit，18（3）：222-236.

Gibbs D，Deutz P，2007. Reflections on implementing industrial ecology through eco-industrial park development[J]. Journal of Cleaner Production，15（17）：1683-1695.

Granovetter M，1973. The strength of weak ties[J]. American Journal of Sociology，6（78）：1360-1380.

Guo B，Geng Y，Sterr T，et al.，2016. Evaluation of promoting industrial symbiosis in a chemical industrial park: A case of Midong[J]. Journal of Cleaner Production（135）：995-1008.

Heeres R R，Vermeulen W J V，de Walle F B，2004. Eco-industrial park initiatives in the USA and the Netherlands: first lessons[J]. Journal of Cleaner Production，12（8-10）：985-995.

Jacobsen N，Anderberg S，2005. Understanding the evolution of industrial symbiotic networks: The case of kalundborg [C]. In Economics of Industrial Ecology-Materials，Structural Change and Spatial Scales: Cambridge，MA，USA: MIT Press.

Korhonen J，Snäkin　J P，2005. Analysing the evolution of industrial ecosystems：concepts and application[J]. Ecological Economics，52（2）：169-186.

Korhonen J，Snäkin J P，2003. Industrial ecosystem evolution of North Karelia heating energy system[J]. Regional Environmental Change，3（4）：128-139.

Lehtoranta S，Nissinen A，Mattila T，et al.，2011. Industrial symbiosis and the policy instruments of sustainable consumption and production[J]. Journal of Cleaner Production，19（16）：1865-1875.

Liu C，Zhang K，2013. Industrial ecology and water utilization of the marine chemical industry：A case study of Hai Hua Group（HHG），China[J]. Resources，Conservation and Recycling（70）：78-85.

Liu C，Côté R P，Zhang K，2015. Implementing a three-level approach in industrial symbiosis[J]. Journal of Cleaner Production（87）：318-327.

Meisner-Rosen C，2012. Fact versus conjecture in the history of industrial waste utilization[J]. Econ Journal Watch，9（2）：112-121.

Mirata M，2004. Experiences from early stages of a national industrial symbiosis programme in the UK：determinants and coordination challenges[J]. Journal of Cleaner Production，12（8-10）：967-983.

Pakarinen S，Mattila T，Melanen M，et al.，2010. Sustainability and industrial symbiosis-The evolution of a Finnish forest industry complex[J]. Resources，Conservation and Recycling，54（12）：1393-1404.

Paquin R L，Howard-Grenville J，2012. The evolution of facilitated industrial symbiosis[J]. Journal of Industrial Ecology，16（1）：83-93.

Park H S，Rene E R，Choi S M，et al.，2008. Strategies for sustainable development of industrial park in Ulsan，South Korea-from spontaneous evolution to systematic expansion of industrial symbiosis[J]. Journal of Environment Management，87（1）：1-13.

Reniers G L L，Ale B J M，Dullaert W，et al.，2009. Designing continuous safety improvement within chemical industrial areas[J]. Safety Science，47（5）：578-590.

Scott R，1987. The adolescence of institutional theory[J]. Administrative Science Quarterly（32）：493-511.

Short S W，Bocken N M P， Barlow C Y，et al.，2014. From refining sugar to growing tomatoes[J]. Journal of Industrial Ecology，18（5）：603-618.

Sokka L，Lehtoranta S，Nissinen A，et al.，2011. Analyzing the environmental benefits of industrial symbiosis[J]. Journal of Industrial Ecology（15）：137-155.

Sterr T ， Ott T ， 2004. The industrial region as a promising unit for eco-industrial development-reflections，practical experience and establishment of innovative instruments to support industrial ecology[J]. Journal of Cleaner Production，12（8-10）：947-965.

Suchman M C，1995. Managing Legitimacy：strategic and institutional approaches[J]. Academy of Management Review，20（3）：571-610.

Sun L，Li L，Dong L，et al.，2017. Eco-benefits assessment on urban industrial symbiosis based on material flows analysis and emergy evaluation approach：A case of Liuzhou city，China[J]. Resources，Conservation and Recycling（119）：78-88.

Teh B，Ho C，Matsuoka Y，et al.，2014. Determinant factors of industrial symbiosis：greening Pasir Gudang industrial park. Proceedings of the IOP Conference Series：Earth and Environmental Science，F，2014. IOP Publishing.

Tudor T，Adam E，Bates M，2007. Drivers and limitations for the successful development and functioning of EIPs（eco-industrial parks）：A literature review[J]. Ecological Economics，61（2-3）：199-207.

Van Berkel R，2010. Quantifying sustainability benefits of industrial symbioses[J]. Journal of Industrial Ecology（14）：371-373.

Van Berkel R，Fujita T，Hashimoto S，et al.，2009. Industrial and urban symbiosis in Japan：Analysis of the Eco-Town program 1997-2006[J]. Journal of Environmental Management，90（3）：1544-1556.

Walker S，Creanor L，2005. Crossing complex boundaries：transnational online education in European trade unions[J]. Journal of Computer Assisted Learning，21（5）：343-354.

Wang Y，Liu J，Hansson L，et al.，2011. Implementing stricter environmental regulation to enhance eco-efficiency and sustainability：a case study of Shandong Province's pulp and paper industry，China[J]. Journal of Cleaner Production，19（4）：303-310.

Yazan D M，Romano V A，Albino V，2016. The design of industrial symbiosis：an input-output approach[J]. Journal of Cleaner Production（129）：537-547.

Yu F，Han F，Cui Z，2015. Evolution of industrial symbiosis in an eco-industrial park in China[J]. Journal of Cleaner Production（87）：339-347.

Zhang L，Yuan Z，Bi J，et al.，2010. Eco-industrial parks：national pilot practices in China[J]. Journal of Cleaner Production，18（5）：504-509.

Zhu Q，Lowe E A，Barnes D，2007. Industrial symbiosis in China：A case study of the Guitang Group[J]. Journal of Industrial Ecology（11）：31-42.

第4章

循环经济系统超越边界演进过程的系统动力学模型

4.1 系统动力学概述

系统动力学（system dynamics，SD）由美国麻省理工学院的 Jay W. Forrester 教授首次提出（Rodrigues and Bowers，1996），是一种系统分析、综合与推理的研究方法。该方法基于反馈控制理论和计算机仿真技术，将定性分析与定量分析有机结合（Sterman，2001；Rodrigues and Bowers，1996），能够有效处理非线性和动态复杂性问题（Geng et al.，2017；Saysel et al.，2002）。系统动力学的研究目的是了解动态变化的产生原因及产生过程，探索提高系统性能的相关策略（Vlachos et al.，2007；Saysel et al.，2002）。应用系统动力学方法建立的模型可视为实际系统的"实验室"，可以清晰地呈现系统内部变量之间的相互关系（Batten，2009；Rodrigues and Bowers，1996）。

4.1.1 系统动力学的特点

系统动力学模型具有的突出优点可归纳为以下 5 个方面（苗丽娜，2007；郭亮，2007；Rodrigues and Bowers，1996；王其藩，1995）：

①系统动力学模型由一阶微分方程组成，由于这些方程组带有表函数或延迟函数，可以较好地处理高阶次、非线性等复杂时变系统的问题。

②系统动力学能对系统内部、系统内外因素间的相互关系予以明确的认识和体现，对系统内隐含的因果关系也能予以明确地体现。

③系统动力学是一种结构的模型，对参数要求不高，不需要特别精确的数字，通过定性与定量结合、系统思考分析、综合与推理的方法，着重研究系统结构和动态行为。

④系统动力学通过对系统设定各种控制因素，以观测系统在不同组织状态、不同参数等因素输入时表现的行为和趋势，从而能对系统进行动态仿真实验。

⑤系统动力学处理问题直观、形象，人机对话功能强，便于与决策者直接进行对话，具有政策实验和社会实验室的性质。

鉴于上述优势，系统动力学方法得到了广泛应用，也被用于环境与可持续发展领域的研究，并在循环经济领域得到了初步应用，如施国洪和朱敏（2001）利用系统动力学方法建立了江苏省镇江市环境经济的模型并进行了仿真，对该市的发展提出了政策建议。杨剑等（2010）通过建立区域创新系统的动力学结构模型，研究了区域创新系统的结构和运行机制，为科学制定区域创新战略和有效实施提供了理论依据。谭玲玲（2011）分析了低碳经济系统的复杂结构特征和动态反馈关系，建立了低碳经济的系统动力学模型并进行了仿真模拟。胡若漪（2015）基于系统动力学的方法，对辽源地区水环境承载力及其影响因素进行了研究，为辽源地区的水环境管理提出了合理建议。徐晓燕（2014）应用系统动力学方法对太原的循环经济进行了仿真模拟，分析其影响因素并调控变量，探索适合太原循环经济发展的模式。由此可见，系统动力学是一门具有发展前景的研究方法，能够有效用于研究社会、经济、生态等复杂系统的问题。

4.1.2　系统动力学建模条件

运用系统动力学解决的问题一般具有以下两个特征（胡聪聪，2013）：

①系统动力学所研究的问题的重要共性特征之一是待解决的问题是动态变化的，即作为一种行为模式随时间的展开，显示问题产生以及发展的动态过程。

②运用系统动力学解决的问题具有系统内部的自生性，这在系统动力学中被称为反馈。通俗来说，就是在系统内部各主体相互作用和影响后，不仅影响了相关主体，这种影响最后又会作用于自身，使自身发生变化。

4.1.3 系统动力学建模步骤

运用系统动力学建模的过程通常可以分为以下 6 个步骤。其中，明确建模目的、确定系统边界属于系统分析；系统因果关系分析和建立系统动力学流图属于系统结构分析（王其藩，2009；贾仁安和丁荣华，2002；Forrester，1994）。

（1）明确建模目的

明确建模目的是运用系统动力学建模最重要的步骤。建模时首先应确定建模的目的，明确模型用于揭示什么样的问题，系统动力学模型的建立针对的是要研究的问题，而不是整个系统。明确建模目的之后，需要进一步确定模型系统的边界，此处所指的系统边界，是指所要研究系统的范围。系统边界内部应该包含涉及与所研究问题有重要关系的概念和变量。系统的行为变化主要是受系统内部变量之间相互作用的影响。

（2）系统因果关系分析

明确建模目的和系统边界后，就需要进一步确定系统内部变量。系统因果关系分析主要是明确系统的主要问题和次要问题，定义系统变量以及定性地分析变量之间的关系，并通过绘制因果关系图的方式，了解变量之间的相互作用是如何影响系统行为的。因果关系图是借助直观的图形展示各个变量的逻辑关系和相互作用的关系，是表示系统反馈关系的重要工具，包括正、负两个不同的影响关系，属于系统动力学建模中的定性模型，通过绘制关键的因果链，有助于我们理解概念系统。其中，正反馈表示两个变量之间正相关或增强的关系，用（+）表示，负反馈表示两个变量之间负相关或减弱的关系，用（−）表示。系统动力学包含定性模型（概念上的）和定量模型（数值化的）（Dolado，1992）。定性模型则是通过建立因果关系图实现的。

（3）建立系统动力学存量流量图

在上一步骤中定性分析了系统内部变量之间的关系，但这种定性分析只能描述结构的基本方面，不能表示不同性质变量的区别。存量流量图是在因果关系图基础上对系统更细致和深入地描述，不仅能够清晰地反映变量之间的逻辑关系，还能进一步明确变量性质，包括状态变量（Level，L）、速率变量（Rate，R）、辅助变量（Auxiliary，A）和常量（Constant，C）。状态变量是最终决定系统行为的变量，是随时间的变化而变化的积累量，是物质、能量与信息的储存环节；速率变量是直接改变积累变量值的变量，反映积累变量输入或输出的速度；辅助变量可通过系统中其他变量计算获得；常量是固定不变的量，在建立数学方程时可对其进行赋值。系统动力学建模中的定量模型是通过存量流量图实现的，能够将不同情景下的系统变化轨迹可视化（Lu et al.，2016）。

（4）建立数学方程

存量流量图建立之后，可通过建立数学方程的方式确定各变量之间的定量关系，为计算机仿真模拟提供基础和条件。建立数学方程的过程能够进一步加深对问题的理解程度，方程主要包括以下 5 种。

①状态方程：计算状态变量的方程称为状态方程。

②速率方程：在状态变量方程中代表输入与输出的变量称为速率，由速率方程求出。

③辅助方程：描述信息的运算式，帮助建立速率方程。

④表函数：需要用辅助变量描述某些变量间的非线性关系，可以用表函数表示。表函数是直接用坐标点刻画出一条曲线，来反映变量间的关系。

⑤常数值赋值。

方程的建立需要借助仿真平台来实现。仿真平台是为了模拟实际系统，录入参数值以及对系统动力学模型进行调试的环境。其中较为常用的是 Vensim 软件，它是一款基于视窗界面的可视化的系统动力学建模工具（Lu et al.，2016），能够帮助用户简单直观地理解系统动力学模型（Rui et al.，2011）。Vensim PLE 版本是

Vensim 软件的一种，是为了便于个人学习系统动力学而设计的，该版本的特点主要包括（苗丽娜，2007）：①绘图和模拟方便，且无须编程，只要在模型建立窗口画出流图，通过 Equations 输入方程和参数，就可以直接进行模拟。②能够提供丰富的输出信息和灵活的输出方式，输出信息丰富，兼容性强，数据共享性强，模拟结果可保存文件和复制到剪贴板及 Word 文档中。③能够提供对模型的结构分析和数据集分析，其中结构分析包括原因树分析、结果树分析和反馈列表。模型运行后，可进行数据集分析，改变数值多次运行的结果比较等。因此，本研究运用 Vensim PLE 版本构建循环经济系统超越系统演进过程的系统动力学模型。

（5）模型优化

在建模过程中，为了能够及时发现模型中存在的不足，需要对模型时时进行调试优化。根据实际系统，对模型结构、变量等方面进行完善，直到所建立的模型能够真实地反映实际系统。

（6）计算机仿真和结果分析

模型完成之后，可应用计算机软件运行进行仿真。在分析模型仿真结果之前，首先需要判断和检验模型的有效性，验证模型是否能够真实地反映实际系统，模型仿真结果是否与实际情况符合。若模型仿真结果与实际一致，则可以对模型仿真结果进行深入分析，揭示系统的行为变化，为政策制定提供科学依据。

4.2　循环经济系统超越边界演进过程的系统动力学模型构建

4.2.1　循环经济系统的系统动力学适用性

如前所述，运用系统动力学研究的问题具有两个特征：动态变化和自生性。循环经济系统同时具备这两个特征：

（1）动态变化

基于对循环经济系统特征的分析，动态演进是循环经济系统的基本特征之一。

在这一过程中，循环经济系统的结构和功能不断得到完善，并实现系统的扩展和持续发展。

（2）自生性

循环经济系统是一个多主体、多种联系交互作用形成的一个复杂性开放系统。每个系统成员都是循环经济系统中的一个主体，每个主体需要不断与其他主体展开合作，建立产业共生关系。企业间的共生行为能够为循环经济系统带来环境效益、经济效益和社会效益，推动系统向着更加可持续的方向发展。企业间的相互作用对循环经济系统产生的这种影响又反馈回自身，促使企业能够及时应对循环经济系统的变化而进行自我优化，并及时发现建立新的产业共生关系的机会。

通过上述分析可见，循环经济系统满足系统动力学建模的基本条件。

4.2.2　系统动力学模型的建立

基于系统动力学建模的一般步骤，建立循环经济系统超越边界演进的系统动力学模型可分为以下 6 个部分。

（1）明确建模目的

运用系统动力学方法，建立循环经济系统超越边界演进的模型，揭示循环经济系统超越边界的演进路径和特征是本研究的目的。循环经济系统是一个动态变化的系统，物质能量流动、共生效益等都在发生变化。因此，我们选取整个循环经济系统作为研究对象，该循环经济系统由加入系统产业共生系统的成员构成。针对循环经济系统超越边界问题，定义循环经济系统超越边界演进的时限，研究在该时限范围内，循环经济系统行为的变化。模型仿真的时限可以是从循环经济系统形成到现在的时间范围，也可以延伸到未来。

（2）循环经济系统因果关系分析

循环经济系统的重要特征是系统内部企业之间通过建立产业共生关系，实现系统物质能量流动的优化和共生效益。因此，在研究循环经济系统超越边界的演进过程时，需要关注系统中物质和能量的流动以及产业共生关系的形成所带来的共生效益。物质能量优化和系统功能提升是循环经济系统超越边界演进过程中的重要特征（Pakarinen et al.，2010）。一个循环经济系统物质能量的优化主要体现在能量的综合利用和废弃物的资源化利用，废弃物的资源化利用包括固废和废水的资源化利用。系统功能体现在通过固废资源化利用、废水综合利用、能量梯级利用等产业共生关系的建立所获得的共生效益。通过上述分析，运用 Vensim PLE软件，可以绘制体现循环经济系统超越边界演进过程的因果关系示意图。其中，两个变量之间的因果关系用因果链来描述，因果链的方向是从"原因"到"结果"。因果链的极性（"+"或"−"）表示随着自变量的变化，因变量如何变化（Dangelico et al.，2010），其中正极性表示正相关，负极性表示负相关（Geng et al.，2017）。循环经济系统超越边界演进过程关键因果链的因果关系如图 4-1 所示。

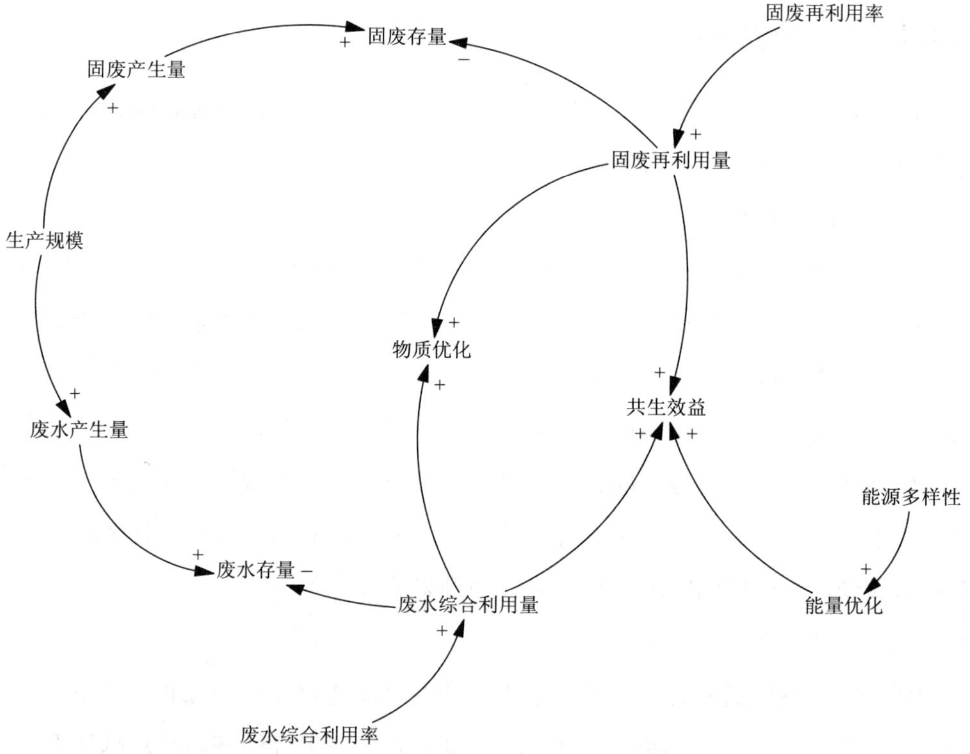

图 4-1　循环经济系统超越边界演进过程的因果关系示意图

由图 4-1 可以看出，循环经济系统在生产规模扩大的同时，固体废物和废水的产生量也随之增加。废水综合利用率的提高，提升了废水综合利用量，减少了系统废水存量。同时，通过建立产业共生关系，废水可作为生产原料实现资源化利用或循环利用，增加系统的共生效益。同理，固废资源化利用率的提高，提高了固废资源化利用量，降低了系统固废存量，增加了系统的共生效益。通过提高能量的综合利用和能源多样性，可促进系统能量流动的优化，进而提升系统的共生效益。由此可见，通过固废资源化利用、废水综合利用量和能量的综合利用，循环经济系统能够实现环境效益和经济效益的双赢。

（3）循环经济系统超越边界演进过程的存量流量图建立

物质能量优化、共生效益都能够用于定量表征循环经济系统超越边界的演进过程（Pakarinen et al., 2010）。基于因果关系图并进行深入分析，运用 Vensim PLE 软件，可建立揭示一般循环经济系统超越边界演进过程的存量流量图，如图 4-2 所示。其中，固废存量和废水存量为状态变量，用来表征系统的物质优化程度。年固废产生量、年固废资源化量和年废水产生量、年废水综合利用量为速率变量，直接影响循环经济系统内固废和废水存量。通常，在循环经济系统尤其是包含化工行业的循环经济系统中，往往存在可燃性废气，如石化公司排放的火炬气、炭黑公司生产过程中排放的炭黑尾气等。通过建立产业共生关系，如石化公司和炭黑公司将可燃性废气输送到热电厂用来燃烧产汽、发电，可实现可燃性气体的资源化利用。这些气体的资源化利用能够替代系统中部分煤炭资源，降低系统煤炭资源的消耗。可见，能耗与能量综合利用和废气资源化有关，可用来表征系统中能量的优化程度。共生效益用来表征循环经济系统功能的强弱。通常，随着循环经济系统对副产品、废弃物利用量的不断增加，共生效益会相应持续增长，表明循环经济系统功能的提升。

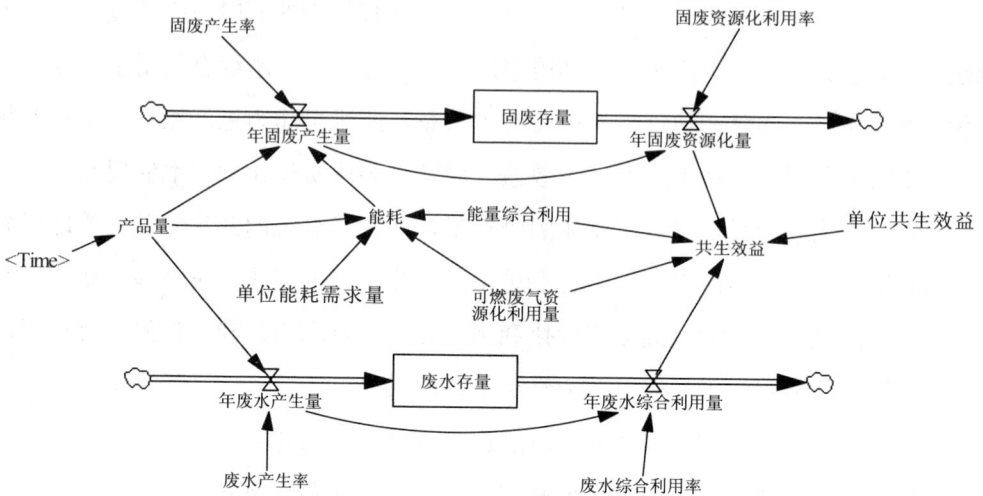

图4-2　循环经济系统超越边界演进过程的存量流量图

（4）建立数学方程

循环经济系统超越边界演进过程的存量流量图确定之后，可以开始建立数学方程。建立数学方程的过程是对循环经济系统结构的深入认识和理解。方程的建立是将存量流量图中箭头所连接的各个变量之间的相互关系以数学表达的形式表现出来，变量之间相互关系的确定可来源于文献检索和实地调研。建立的方程包括状态方程、速率方程、辅助方程。其他还包括常数值赋值和表函数等。

状态方程：固废存量和废水存量是积累量，是速率变量在时间上的积分。固废存量=INTEG（年固废产生量-年固废资源化量，初始值）；废水存量=INTEG（年废水产生量-年废水综合利用量，初始值）。

速率方程：固废产生量=（能耗+产品量）×固废产生率；年固废资源化量=年固废产生量×固废资源化利用率；年废水产生量=产品量×废水产生率；年废水综合利用量=年废水产生量×年废水综合利用率。

辅助方程：能耗=产品量×单位能耗需求量-能量综合利用-可燃废气资源化利用量；共生效益=（能量综合利用+可燃废气资源化利用量+年固废资源化利用量+

年废水综合利用量）×单位共生效益。

除此之外，那些随时间变化不甚明显的变量近似取常数值，如固废产生率、废水产生率、单位共生效益、固废资源化利用率、废水资源化利用率等。为方便有效地处理变量间的非线性问题，可使用表函数，如产品量随时间变化的曲线可通过表函数来绘制。模型中的参数包含初始值、常数值和表函数；参数的赋值可通过文献数据收集、政府资料收集、实地调研等方式确定。

（5）模型优化

在建模过程中，为了能够及时发现模型中存在的不足，需要对模型时时进行调试、优化。模型的优化主要包括以下3个方面。

①模型变量的优化。通过对循环经济系统的剖析，定义循环经济系统超越边界演进模型中的变量，使选择的变量能够真实地反映循环经济系统的特点，如固废的资源化利用率、废水综合利用率、共生效益等。

②模型结构的优化。模型变量确定之后，需通过文献检索以及实地调研的方式，获取变量之间确切的关系，完成模型的基本结构，并对模型结构进行时时优化，即反复确定、修改变量之间的关系，使所建立的模型能够真实地反映实际循环经济系统。

③数学方程的优化。数学方程的建立能够将变量之间的关系定量化，需对变量方程进行优化。数学方程的优化即选择合适的函数如表函数、If 函数，输入实际的参数值，使所建立的模型以及模型的运行结果能够有效地反映实际循环经济系统。

（6）循环经济系统仿真和结果分析

循环经济系统超越边界演进过程的系统动力学模型完成之后，即可通过Vensim PLE 软件，对循环经济系统进行仿真，得出仿真结果。在对仿真结果分析之前，需要确定模型是否能够真实地反映实际循环经济系统，仿真结果是否与实际情况符合。本研究采用历史检验法对模型仿真结果进行检验，将模型仿真的数据与实际系统统计的历史数据进行比较，若模型结果与实际系统结果基本相同，则表明模型与实际系统具有较强的一致性（徐晓燕，2014）。然后，对模型进行深入分析。在对仿真结果进行分析时，通过改变固废资源化利用率、废水综合利用率和废气资源化利用等输入端变量进行情景分析，通过对比各种情景分析的结果，揭示循环经济系统在演进过程中，超越边界的产业共生关系的建立对降低循环经济系统的能源消耗、固废存量和废水存量取得的成效以及相应实现的共生效益。

4.2.3　循环经济系统超越边界演进的系统动力学模型与驱动机制和驱动因素的融合

本章上述研究建立的循环经济系统超越边界演进过程的系统动力学模型，能够定量揭示循环经济系统在能量利用、固废、废水方面通过建立超越边界的产业共生关系实现系统演进的过程。第 3 章研究建立的循环经济系统超越边界的驱动机制和驱动因素的理论框架，暂时难以被定量纳入系统动力学模型，但能够从定性的角度系统阐释循环经济系统超越边界的动力。将两者进行融合，有助于更充分地揭示循环经济系统超越边界的演进过程以及推动实现这一过程的动力。在本章下述内容研究中，将运用融合系统动力学模型与驱动机制和驱动因素理论框架的综合分析框架，结合具体循环经济案例进行实证研究。

4.3　案例研究

4.3.1　案例循环经济系统概况

本研究选取的案例循环经济（HH 循环经济系统）所在的工业园区是生态环境部确立的"国家生态工业示范园区"，其隶属的企业集团被国家发展改革委确定为全国首批循环经济试点企业之一。该循环经济系统于 1995 年在当地纯碱厂和盐场实行盐碱联合的基础上开始不断发展，经过 20 多年的发展，形成了以地下卤水和海水利用为特色的循环经济系统。该循环经济系统是循环经济理论和产业生态理论在海洋化工领域成功实践的典型案例，其主要企业包括热电厂、纯碱厂、盐场、溴素厂、硫酸钾厂、氯化钙厂、石化公司以及氯碱树脂公司等。该循环经济系统在长期的实践过程中，通过超越边界，不断优化完善产业共生关系，实现了系统的扩展和演进，具有重要的示范意义。因此，本研究选择该循环经济系统作为研究案例进行实证研究。

4.3.2 HH 循环经济系统超越边界演进过程的系统动力学模型建立

4.3.2.1 HH 循环经济系统结构分析

通过文献检索、实地调研的方式，获取 HH 循环经济系统的相关信息，充分了解 HH 循环经济系统超越边界的演进过程，主要包括系统成员、共生关系和系统边界的变化情况、驱动因素、驱动机制等信息。收集了建立系统动力学模型所需的数据，包括产品产量、固废产生率、废水产生率、废水利用率以及通过建立产业共生关系带来的经济效益。为揭示 HH 循环经济系统超越边界的演进过程，基于收集的信息，将模型仿真的时限设为 1995—2017 年，运行步长为 1 年。

物质能量优化和系统功能提升是能够定量揭示循环经济系统超越边界演进过程的两个主要特征。根据实地调研，HH 循环经济系统的关键产业共生关系主要体现在能量利用、固废再利用和废水再利用 3 个方面（表 4-1）。用废水存量和固废存量两个状态变量来表征 HH 循环经济系统在超越边界演进过程中物质流动的优化；用耗原煤量来表征能量方面的优化程度；用共生效益来表征系统功能。同时，定义与固废、废水、能源相关的变量，如固废包含灰渣、碱渣和电石泥；废水包含蒸氨废液、苦卤和其他工业废水；可燃性废气的资源化包含氢气、炭黑尾气和火炬气的资源化利用；能量的综合利用是指废热的综合利用。对照图 4-1，根据 HH 循环经济系统的实际情况，可对 HH 循环经济系统超越边界演进过程的因果关系进行分析，即如果 HH 循环经济系统的生产规模扩大，则灰渣、苦卤、蒸氨废液等产生量相应增加，同时苦卤、蒸氨废液废水存量和灰渣等的存量相应增加。如果通过超越边界，建立产业共生关系的建立，废水和固废的再利用率提高，废水和固废再利用量相应增加，系统内废水存量和固废存量随之减少，物质优化和共生效益相应提高。HH 循环经济系统中有多种可燃废气，如炭黑尾气、火炬气和氢气，如果可燃废气和废热的再利用率提高，那么系统内能源结构进一步优化，经济效益相应增加。

表 4-1　HH 循环经济系统能源利用、固废再利用和废水再利用的主要产业共生关系

类型		产业共生关系	建立时间
能源	废热	卤水首先输送到纯碱厂作为工艺冷却水；吸热后的卤水通过管道输送到溴素厂提溴，从而提高了溴的提取效率	1995 年
		淡水首先输送到纯碱厂作为冷却水，在给碳化塔冷却的同时吸收其反应热，预热后的淡水再输送到热电厂的化学水处理工序	1995 年
	可燃气体（炭黑尾气、火炬气、氢气）	炭黑公司产生的炭黑尾气输送到热电厂燃烧	2008 年（2015 年共生关系终止）
		石化公司产生的火炬气输送到热电厂燃烧	2008 年
		氯碱树脂公司的氢气输送到热电厂燃烧	2012 年
固废	飞灰	热电厂产生的飞灰运送至水泥厂，作为水泥的生产原料	1995 年（2007 年共生关系终止）
	电石泥	氯碱树脂公司产生的电石泥运送至纯碱厂，作为纯碱的生产原料	2005 年（2012 年共生关系终止）
	碱渣	纯碱厂产生的碱渣堆放到废渣场。目前还没有出现与碱渣再利用相关的共生关系	1995 年
废水	蒸氨废液	纯碱厂的蒸氨废液首先经日晒蒸发，再输送至氯化钙厂，作为氯化钙厂的生产原料	1997 年
	苦卤	硫酸钾厂利用盐场晒盐后产生的苦卤作为生产硫酸钾的原料	1995 年
	其他废水	纯碱厂和热电厂的废水经废水处理设施集中收集、处理，处理后的废水用于冲灰、溶盐和循环水	1995 年
		蒸汽冷凝水输送回热电厂再利用	1995 年

因果关系可以描述 HH 循环经济系统中与能源物质相关变量之间的基本关系，存量流量图是对系统结构更细致和更深入的描述，不仅能够清晰地反映变量之间的逻辑关系，还可以进一步明确变量性质，包括状态变量 L（Level）、速率变量 R（Rate）、辅助变量 A（Auxiliary）和常量 C（Constant）（Geng et al.，2017；Saysel et al.，2002）。根据 HH 循环经济系统实地调研获得的具体变量见表 4-2。

表 4-2　HH 循环经济系统超越边界的系统动力学模型变量

变量	变量类型	单位	变量	变量类型	单位
固废存量	L	万 t	碱渣资源化量	A	万 t
废水存量	L	万 m³	碱渣产生量	A	万 t
共生效益	A	万元	碱渣产生率	C	—
蒸氨废液量	L	万 m³	碱渣资源化利用率	A	量纲一
年供电量	A	万 kW·h	年固废增加量	R	万 t/年
电力折算煤系数	A	万 t/（万 kW·h）	固废总量	A	万 t
原煤需求量	A	万 t	固废资源化	A	万 t
耗原煤量	A	万 t	单位共生效益 4	C	万元/万 t
原煤节省量	A	万 t	共生效益 4	A	万元
炭黑尾气再利用量	A	万 m³	蒸氨废液排放量	R	万 m³/年
蒸氨废液产生率	C	万 m³/万 t	氢气再利用量	A	万 m³
折煤换算系数 1	C	万 t/万 m³	共生效益 5	A	万元
折煤换算系数 2	C	万 t/万 m³	废水增加量	R	万 m³/年
折煤换算系数 3	C	万 t/万 m³	废水减少量	R	万 m³/年
火炬气再利用量	A	万 m³	蒸氨废液资源化利用量	R	万 m³/年
废热综合利用量	A	GJ	单位共生效益 5	C	万元/万 m³
煤热值	C	GJ/万 t	苦卤总量	A	万 m³
节煤量	A	万 t	原盐量	A	万 t
苦卤产生率	C	万 m³/万 t	共生效益 1	A	万元

变量	变量类型	单位	变量	变量类型	单位
单位共生效益 1	C	万元/万 t	苦卤资源化利用量	A	万 m³
灰渣产生量	A	万 t	苦卤资源化利用率	C	量纲一
灰渣产生率	C	—	工业废水量	C	万 m³
灰渣资源化量	A	万 t	工业废水循环量	A	万 m³
灰渣资源化利用率	C	—	工业废水循环率	A	量纲一
电石泥产生量	A	万 t	共生效益 3	A	万元
电石泥产生率	C	—	单位共生效益 2	C	万元/万 t
水价	C	万元/万 m³	PVC 产量	A	万 t
电石泥资源化量	A	万 t	共生效益 2	A	万元
电石泥资源化利用率	C	—	单位共生效益 8	C	万元/万 t
纯碱产量	A	万 t	共生效益 8	A	万元
单位共生效益 7	A	万元/万 Nm³	单位共生效益 6	A	万元/万 t
共生效益 7	A	万元	共生效益 6	A	万元

根据循环经济系统超越边界演进的因果关系图和 HH 循环经济系统的特征，可运用 Vensim 软件建立 HH 循环经济系统超越边界演进的存量流量图，如图 4-3 所示。其中，流量是速率变量，包括流入和流出两部分，如蒸氨废液的产生为流入，蒸氨废液的再利用为流出，流入减去流出就是增量。速率变量反映流入和流出的速率，是直接改变累计变量值的变量，如年固废增量和年废水增量。存量是一定时间内（本研究选取 1 年）增量的累积，是状态变量，如固废存量和废水存量。辅助变量是外生变量或中间变量，由系统中其他变量计算获得（Lu et al.，2016），如废水循环利用量和苦卤利用量。常量是固定不变的量（Lu et al.，2016）。影子变量在"< >"中显示，便于存量流量图的绘制和美观。

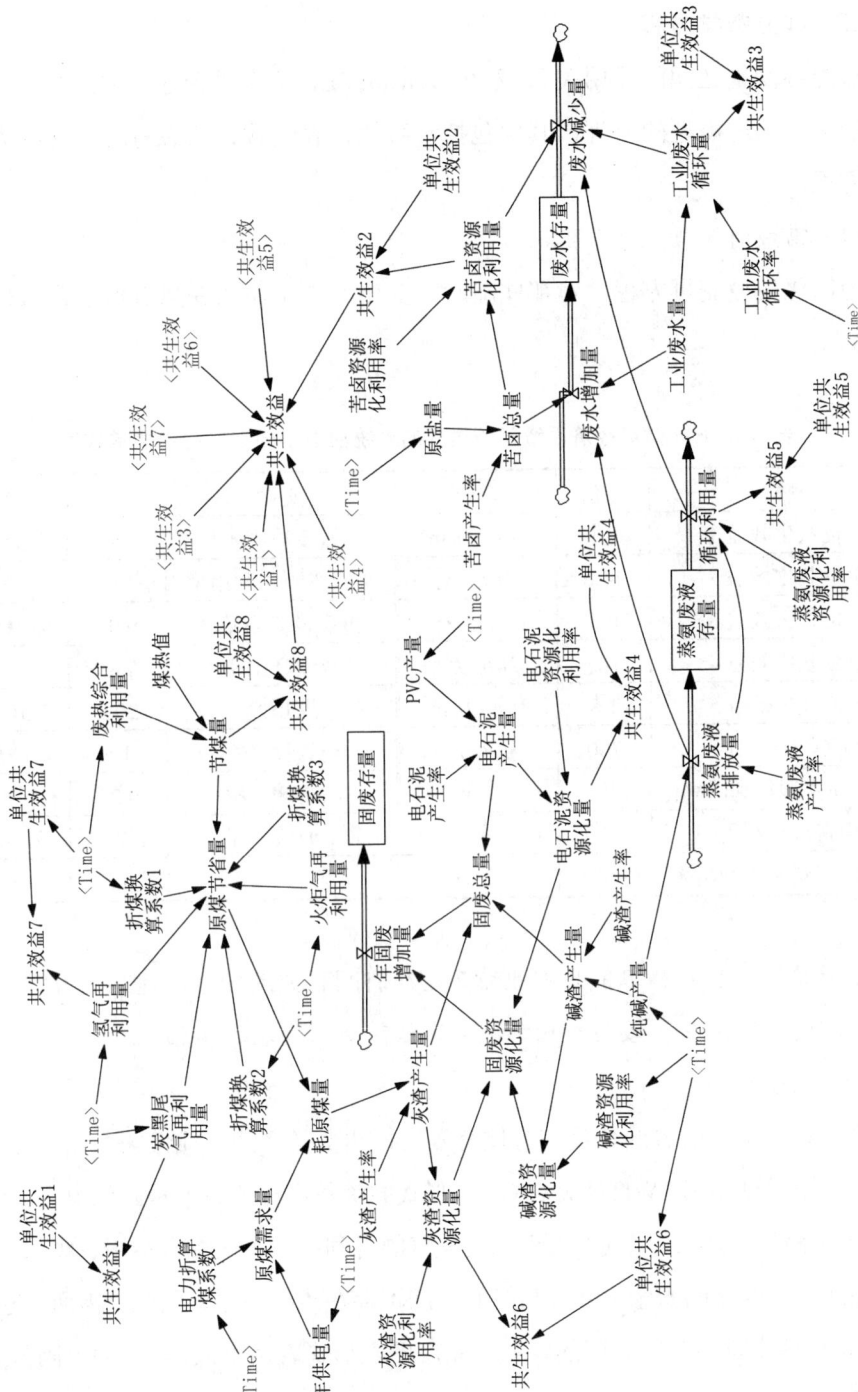

图 4-3　HH 循环经济系统超越边界量存界量流量图

4.3.2.2　建立数学方程

按照各变量之间的作用关系，利用 Vensim PLE 仿真平台建立 HH 循环经济系统超越边界演进模型的方程，其中包括常数值、表函数、状态方程、速率方程和辅助方程。

（1）常数值

为简化模型变量方程，对那些随时间变化不甚明显的变量近似取常数值，见表 4-3。

表 4-3　HH 循环经济系统超越边界的系统动力学模型方程中的常数值

变量	数值	单位	变量	数值	单位
单位共生效益 1	0.1	万元/万 m³	蒸氨废液产生率	8	万 m³/万 t
单位共生效益 2	11.6	万元/m³	灰渣资源化利用率	1	—
单位共生效益 3	0.5	万元/万 m³	折煤换算系数 3	0.04	万 t/万 m³
单位共生效益 4	185	万元/万 t	灰渣产生率	0.45	—
单位共生效益 5	1.8	万元/万 m³	煤热值	20.9	GJ/万 t
单位共生效益 8	700	万元/万 t	电石泥产生率	1.6	
电石泥资源化利用率	1	—	碱渣产生率	0.25	
苦卤资源化利用率	1	—	工业废水量	427.25	万 m³/年
蒸氨废液资源化利用率	0.87	—	苦卤产生率	0.8	万 m³/万 t

单位共生效益 6 和单位共生效益 7 是与时间有关的变量，建立的方程为辅助方程。因此，单位共生效益 6 和单位共生效益 7 未列入表 4-3。

（2）表函数

系统动力学中的表函数旨在方便有效地描述变量之间非线性关系，在 Vensim PLE 软件中通过调用"WITHLOOKUP"形式的函数进行变量方程式的书写。在 HH 循环经济系统中，炭黑尾气、火炬气及氢气的再利用、废热综合利用、废水循环利用率是随时间变化的变量，并且与时间之间不存在线性关系，因此，需通过建立表函数，将这些变量与时间之间的定量关系用图表形式表达出来，建立的表函数如下：

①表函数 1：氢气再利用量= WITH LOOKUP（Time，（［（1995，0）－（2030，8000）］，（1995，0），（1996，0），（1997，0），（1998，0），（1999，0），（2000，0），（2001，0），（2002，0），（2003，0），（2004，0），（2005，0），（2006，0），（2007，0），（2008，0），（2009，0），（2010，0），（2011，0），（2012，0），（2013，780.432），（2014，2265），（2015，2932），（2016，5286），（2017，6852），（2020，7087.72），（2021.01，7263.16），（2024.11，7438.6），（2027.11，7403.51）））

②表函数 2：火炬气再利用量= WITH LOOKUP（Time，（［（1995，0）－（2030，400）］，（1995，0），（1996，0），（1997，0），（1998，0），（1999，0），（2000，0），（2001，0），（2002，0），（2003，0），（2004，0），（2005，0），（2006，0），（2007，0），（2008，11.7831），（2009，224.246），（2010，156.9），（2011，259.263），（2012，214.729），（2013，192.872），（2014.48，208.772），（2016，212.281），（2018.55，221.053），（2020.05，228.07），（2022.51，233.333），（2023.79，240.351），（2025.4，247.368）））

③表函数 3：炭黑尾气再利用量 = WITH LOOKUP（Time，（［（1995，0）－（2030，50000）］，（1995，0），（1996，0），（1997，0），（1998，0），（1999，0），（2000，0），（2001，0），（2002，0），（2003，0），（2004，0），（2005，0），（2006，0），（2007，0），（2008，0），（2009，13740），（2010，15588），（2011，21285），（2012，19901），（2013，29962），（2014.05，19736），（2015，18859），（2016，18201），（2020，19078），（2021，19736），（2022，20394），（2023，20614），（2024，20833），（2025，21271），（2026，21271.9）））

④表函数 4：废热综合利用量 = WITH LOOKUP（Time，（［（1995，0）－（2025，100）］，（1995，20），（1999，45），（2004，60），（2008，70），（2011，85），（2016，87），（2025，91）））

⑤表函数 5：工业废水循环率 = WITH LOOKUP（Time，（［（1995，0）－（2030，1）］，（1995，0.5），（2002，0.81），（2006，0.9），（2007，0.91），（2016，0.98），（2030，1）））

（3）状态方程

①固废存量= INTEG（年固废增加量，18）

②废水存量= INTEG（年废水增加量–废水减少量，546）

③蒸氨废液量= INTEG（蒸氨废液排放量–资源化利用量，0）

（4）速率方程

①年固废增加量=（固废总量–固废资源化量）

②废水增加量=工业废水量+苦卤总量+蒸氨废液排放量

③废水减少量=工业废水循环量+苦卤再利用量+循环利用量

④蒸氨废液排放量=蒸氨废液产生率×纯碱产量

⑤蒸氨废液资源化利用量=蒸氨废液排放量×蒸氨废液资源化利用率

（5）辅助方程

①共生效益=共生效益 2+共生效益 3+共生效益 5+共生效益 6+经济效益 4+共生效益 7+共生效益 1+共生效益 8

②共生效益 1=单位共生效益 1×炭黑尾气再利用量

③共生效益 2=单位共生效益 2×苦卤资源化利用量

④共生效益 3=工业废水循环量×水价

⑤共生效益 4=单位共生效益 4×电石泥资源化量

⑥共生效益 5=单位共生效益 5×循环利用量×0.74

⑦共生效益 6=单位共生效益 6×灰渣资源化量

⑧共生效益 7=单位共生效益 7×氢气再利用量

⑨共生效益 8=单位共生效益 8×节煤量

⑩单位共生效益 6=IF THEN ELSE（Time＜2007，2.5，−1.5）

⑪单位共生效益 7=IF THEN ELSE（Time＞2017，0.95，0.8）

⑫原煤节省量=氢气再利用量×折煤换算系数 1+火炬气再利用量×折煤换算系数 3+炭黑尾气再利用量×折煤换算系数 2+节煤量

⑬原煤需求量=年供电量×电力折算煤系数

⑭原盐量=−0.122 24×Time^2+495.066×Time−501039

⑮固废总量=电石泥总量+碱渣总量+灰渣量

⑯固废资源化量=电石泥资源化量+碱渣资源化量+灰渣资源化量

⑰工业废水循环量=工业废水循环率×工业废水量

⑱折煤换算系数 1=IF THEN ELSE（Time＞2017，0，0.027）

⑲折煤换算系数 2=IF THEN ELSE（Time＞2014，0，0.002）

⑳耗原煤量=原煤需求量−原煤节省量

㉑节煤量=废热综合利用量/煤热值

㉒年供电量= IF THEN ELSE

（Time＜=2003，386.29×（Time−1994）^2−3276×（Time−1994）+41808.3，

138.034×（Time−1994）^3−8223.87×（Time−1994）^2+160591×（Time−1994）−861177）

㉓电力折算煤系数=IF THEN ELSE（Time＞2004，0.0018，0.002）

㉔灰渣资源化量=灰渣资源化利用率×灰渣量

㉕灰渣量=灰渣产生率×耗原煤量

㉖电石泥总量=PVC 产量×电石泥产生率

㉗电石泥资源化量=电石泥资源化利用率×电石泥总量

㉘PVC 产量=IF THEN ELSE（Time＜2005，0，IF THEN ELSE（Time＞2011，

0，−1.019×（Time−2004）^2+9.292×（Time−2004）−6.04））

㉙碱渣产生量=碱渣产生率×纯碱产量

㉚碱渣资源化量=碱渣资源化利用率×碱渣总量

㉛碱渣资源化利用率=IF THEN ELSE（Time＜2007，0.018，0）

㉜纯碱产量=−0.221×Time^2+896.998×Time−909884

㉝苦卤资源化利用量=苦卤资源化利用率×苦卤总量

㉞苦卤总量=原盐量×苦卤产生率

4.3.2.3 模型优化

在模型建立过程中，需要对模型进行优化。模型的优化主要包括：①模型变量的选取能够准确地反映研究问题；②模型的结构能够真实描述 HH 循环经济系统；③方程的建立以及参数的赋值能够精确地反映实际系统。经上述优化后，所建立的模型能够真实地反映 HH 循环经济系统，揭示 HH 循环经济系统超越边界演进的路径。

4.3.2.4 仿真结果检验

本研究采用历史检验法（徐晓燕，2014），选取耗原煤量和蒸氨废液量两个变量，将模型模拟出的结果和实际统计的历史数据相比，结果如图 4-4 和图 4-5 所示。

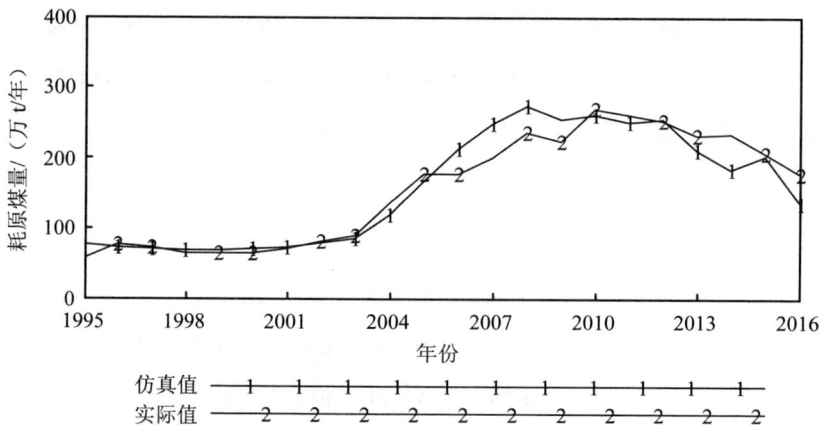

图 4-4　能源消耗仿真值与实际值

图 4-4 是 HH 循环经济系统内热电厂耗原煤量的仿真值与实际值的对比。其中，曲线 1 代表模型的仿真值，曲线 2 代表系统原煤消耗量的实际值，实际数值来源于 HH 循环经济系统热电厂的数据统计。从图 4-4 中可以看出，2006—2009 年的模拟值偏高，主要原因是模型的某些数据收集存在不足。但耗原煤量的仿真变化趋势和实际变化趋势一致，因此达到了建模的可信度和预期目标（郭亮，2007）。

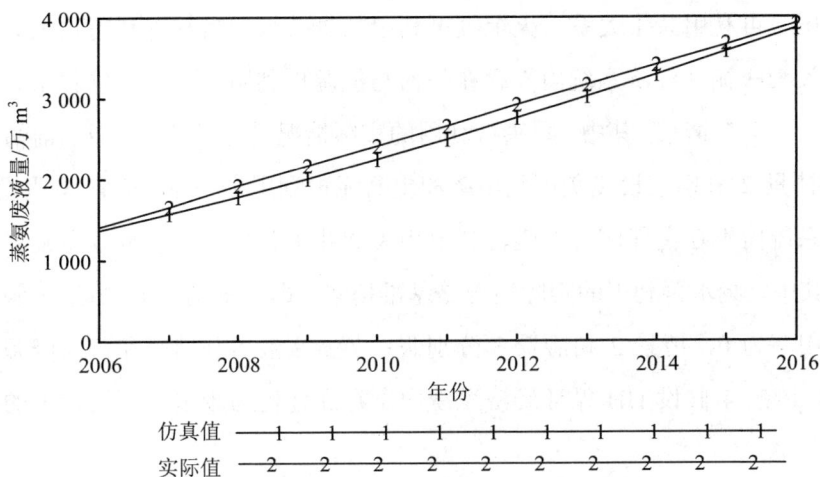

图 4-5　蒸氨废液仿真值与实际值

图 4-5 是 HH 循环经济系统内蒸氨废液量的仿真值与实际值的对比，蒸氨废液的实际值来源于 HH 循环经济系统纯碱厂的数据统计。从图 4-5 中可以看出，2006—2016 年，蒸氨废液量的模型仿真值与实际值的发展趋势一致，没有较大偏差，达到了建模的预期目标。

综合以上分析可以看出，HH 循环经济系统超越边界演进的仿真模型能够真实地模拟 HH 循环经济系统，具有实际应用价值。

4.3.2.5　模型分析

系统动力学模型可以模拟系统在不同情景下的发展路径（Nazareth and Choi，2015）。本研究采用情景分析的方法，通过改变输入端变量（如废热综合利用、飞灰再利用率、苦卤资源化利用率）的参数值进行多情景模拟，分析输入端变量对 HH 循环经济系统能源消耗、固废存量、废水存量以及共生效益等行为变化的影响，进而定量揭示 HH 循环经济系统超越边界演进的路径和特征。

根据 HH 循环经济系统的实际情况，本研究设置了与能源消耗、固废和废水相关的不同情景。在能源消耗方面设置了 6 个情景，其中，能源消耗的实际情况是基准情景（即当前情景），情景 1～情景 4 分别假设不存在废热综合利用共生关系、炭黑尾气再利用共生关系、火炬气再利用共生关系和氢气再利用共生关系，情景 5 假设 HH 循环经济系统内不存在任何与能源再利用相关的共生关系。在固废方面设置了 4 个情景，其中，固废再利用的实际情况是基准情景（即当前情景），情景 1 和情景 2 分别假设飞灰再利用率和电石泥再利用率为 0，情景 3 假设 HH 循环经济系统内不存在任何与固废再利用相关的共生关系。在废水方面设置了 5 个情景，其中，废水再利用的实际情况是基准情景（即当前情景），情景 1 假设废水循环利用率为 0，情景 2 和情景 3 分别假设蒸氨废液再利用率和苦卤资源化利用率为 0，情景 4 假设 HH 循环经济系统内不存在任何与废水再利用相关的共生关系。

HH 循环经济系统超越边界的演进过程受到多种驱动因素和驱动机制的影响。本研究将驱动因素和驱动机制的理论框架纳入模型结果的分析讨论，从而识别驱动因素和驱动机制对循环经济系统超越边界演进过程产生的影响和作用形式。

4.3.3 结果与讨论

4.3.3.1 能源消耗分析

煤炭是 HH 循环经济系统的主要能源，其中热电厂每年的耗煤量占整个 HH 系统耗煤总量的 75% 以上，是系统内的用煤大户。热电厂采用热电联产技术，主要承担整个 HH 循环经济系统内电力以及蒸汽的生产和供应，是 HH 循环经济系统的核心企业之一。因此，热电厂煤炭消耗量的结果分析可以揭示 HH 循环经济系统超越边界演进过程中的能量优化路径。

能源消耗情景分析见表 4-4。基于 6 种情景的模拟，HH 循环经济系统超越边界演进过程中的能量消耗结果如图 4-6 所示。

表 4-4　HH 循环经济系统能耗情景分析

情景	废热综合利用量	炭黑尾气再利用量	火炬气再利用量	氢气再利用量
当前情景-曲线 6	表函数 1	表函数 2	表函数 3	表函数 4
情景 1-曲线 1	0	表函数 2	表函数 3	表函数 4
情景 2-曲线 2	表函数 1	0	表函数 3	表函数 4
情景 3-曲线 3	表函数 1	表函数 2	0	表函数 4
情景 4-曲线 4	表函数 1	表函数 2	表函数 3	0
情景 5-曲线 5（不存在与能源综合利用的共生关系）	0	0	0	0

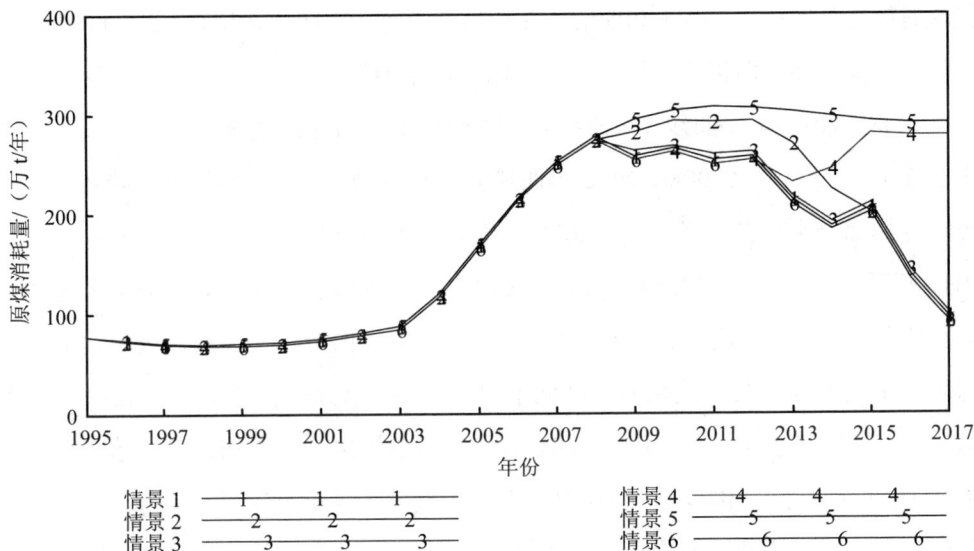

图 4-6　HH 循环经济系统能源消耗变化趋势

由图 4-6 可见，1995—2003 年，曲线 1～曲线 6 相对平缓，表明 HH 循环经济系统的能源消耗相对稳定。在该阶段，6 条曲线之间没有太大的区别，原因在于 HH 循环经济系统在 1995—2008 年，除余热综合利用的产业共生关系外，没有其他与能量利用相关的共生关系，这也使曲线2～曲线4均与曲线6重合。曲线1与曲线5重合，是因为在情景1和情景5中均不存在与能量利用相关的共生关系。曲线1在曲线6上方，这表明废热利用共生关系的建立在一定程度上减少了HH循环经济系统的能源消耗。据调查，1995—2003年，HH循环经济系统的主要产品的产量增长相对缓慢，这使相应的蒸汽和电力需求量增加缓慢，因此能源消耗相对较慢。

2003—2008年，曲线1～曲线6均呈明显的上升趋势，表明HH循环经济系统的能源消耗显著增加。在这期间，HH循环经济系统中纯碱和原盐等主要产品的产量迅速增加；并且，一些新的企业（如石化公司、氯碱树脂公司等）建成投产。因此，在这一阶段，系统内蒸汽和电力的需求量迅速增加，从而导致系统的能源消耗显著增加。曲线1和曲线5在曲线6上方，表明废热综合利用的共生关系在降低能源消耗方面仍然发挥了一定作用，但未能显著减少系统的能源消耗。

2008—2017年，曲线1～曲线4，以及曲线6均在曲线5下方。曲线1和曲线3在曲线6上方（2008—2012年曲线6与曲线4重合），并呈下降趋势，这表明除废热综合利用共生关系外，2008年建立的火炬气再利用共生关系有助于降低HH循环经济系统的能源消耗。2008—2015年，曲线2在曲线6上方，并与曲线6之间的距离较大，这表明2008年二电厂（热电厂的分厂）与炭黑公司之间建立的炭黑尾气再利用共生关系显著降低了HH循环经济系统的能源消耗。2015年后，曲线2和曲线6重合，原因在于HH集团为调整优化产业结构，淘汰落后设备，于2015年关闭了二电厂，从而导致二电厂与炭黑公司之间的共生关系中断。炭黑公司考虑到输送距离和自身设备的技术可行性，将炭黑尾气改为内部利用。

2012年后，曲线4在曲线6上方，并且两条曲线之间的距离逐渐增大，这是因为2012年在热电厂与氯碱树脂公司之间建立了氢气再利用的共生关系，并且氢气再利用量逐渐增加。从图4-6中可以看出，氢气再利用共生关系的建立对降低HH循环经济系统的能源消耗起到了关键作用。

由上述分析可以发现，HH 循环经济系统相继建立的产业共生关系有效实现了系统能源的优化利用，对减少系统能源消耗发挥了十分重要的作用。这些共生关系的建立，都是通过超越原有循环经济系统的边界实现的。最初的循环经济系统，是于 1995 年在盐场和纯碱厂联合建立 HH 集团的基础上形成的，主要包括盐场、纯碱厂、热电厂、溴素厂、小苏打厂、灭火剂厂和水泥厂，这期间的循环经济系统的边界是由这些企业形成的产业共生关系终止的位置。系统在能源利用方面体现的废热综合利用的产业共生关系主要包括：纯碱厂将卤水作为工艺冷却水，吸热后的卤水输送到溴素厂提溴，从而提高了溴的提取效率；淡水首先输送到纯碱厂作为冷却水，在给碳化塔冷却的同时吸收其反应热，预热后的淡水再输送到热电厂化学水处理工序。这些产业共生关系的建立，有助于实现能量的梯级利用，从而降低了能耗。

此后，氢气再利用的产业共生关系在热电厂与氯碱树脂公司之间建立，意味着超越了之前循环经济系统的边界，将氯碱树脂公司纳入循环经济系统（最早于 2005 年纳入，见 4.3.3.2），从而构成一个新的循环经济系统；新的循环经济系统的边界，是由之前循环经济系统的成员以及氯碱树脂公司这一新的成员之间构成的产业共生关系所终止的位置。火炬气再利用的共生关系和炭黑尾气再利用的共生关系，是 2008 年分别在热电厂和石化公司之间、热电厂和炭黑公司之间建立的，意味着进一步超越了之前循环经济系统的边界，将石化公司和炭黑公司纳入循环经济系统，从而又构成一个新的循环经济系统；而这一新的循环经济系统的边界，又是由之前循环经济系统的成员、石化公司、炭黑公司之间构成的产业共生关系所终止的位置。虽然热电厂和炭黑公司之间的共生关系于 2015 年中断，使循环经济系统的边界出现一定收缩，但在能源利用方面，循环经济系统在演进过程中整体上呈现边界扩展的现象。

从驱动因素来看，政府、经济、企业和技术因素都在能源利用方面推动 HH 循环经济系统超越边界发挥了作用。在政府方面，受我国计划经济体制的影响，原盐和纯碱生产企业曾经分别由轻工和化工两个行业管理部门进行管理。在这种管理体制下，原盐的供应只能依靠行业管理部门的计划调拨，这使纯碱厂虽然与盐场只有一墙之隔，却无法就近利用盐场的原盐。因此，计划体制下形成的行业壁垒严重阻碍了盐场与纯碱厂潜在共生关系的建立，制约了 HH 循环经济系统的发展。在经济体制改革的过程中，我国于 1995 年对工业盐供销体制进行了改革，国家计委和国家经贸委联合下发了《关于改进工业盐供销和价格管理办法的通知》，提出实施盐碱企业联合、利益共享，促进盐碱两个行业的良性循环和共同发展。盐碱联合的政策，打破了行业壁垒，促使盐场和纯碱厂组建 HH 集团，这直接推动了盐场和纯碱厂之间包括废热综合利用等潜在产业共生关系的建立，并形成最初的 HH 循环经济系统。政府对推动循环经济系统实现以炭黑尾气利用所体现的超越边界也发挥了重要作用，炭黑公司产生的炭黑尾气中含有 CO、H_2、CH_4、H_2S 等气体，其中 CO、H_2、CH_4 为可燃性气态污染物，H_2S 属于恶臭污染物。根据我国环境保护法律法规的要求，炭黑尾气未经处理不允许直接排放至大气。这促使企业去寻找炭黑尾气的再利用途径，并与热电厂建立了实现炭黑尾气燃烧利用的产业共生关系。

在经济方面，循环经济系统初期建立的废热综合利用产业共生关系可实现经济效益每年 2 000 多万元，这促使企业进一步发掘能够实现能量充分利用的共生关系的途径，从而驱动循环经济系统超越边界。炭黑公司通过将炭黑尾气输送到热电厂的二电厂燃烧，消除了炭黑尾气中残留的部分炭黑粒子，实现了炭黑尾气中可燃气态污染物再利用，回收了大量的热能并转化成电能，可为热电厂每年节约燃煤 5 485 t，实现经济效益 1 800 万元/年。同时，炭黑公司还节省了炭黑尾气的处理费用。此外，石化公司与热电厂、氯碱树脂公司与热电厂建立的火炬气和氢气利用的共生关系，也都节省了热电厂的燃煤，并减少 CO_2 的排放，从而实现了经济效益和环境效益的双赢。

在企业方面，在 HH 循环经济系统超越边界的过程中，系统成员对循环经济理念和产业共生作用的认识不断增强，逐渐将其融入企业文化，成为成员企业的一种思维方式，这有助于企业在思想意识方面达成一致，推动彼此之间建立相互信任和交流合作的关系，从而主动识别能源利用方面的潜在共生关系。并且，对企业而言，在火炬气、氢气以及炭黑尾气燃烧利用方面，安全性是尤为重要的。企业通过调研发现，这些共生关系在供应、运行等方面具备安全保障。这些因素都有效推动了上述产业共生关系的建立，使循环经济系统超越边界。

在技术方面，为了有效利用炭黑尾气、火炬气和氢气，HH 集团专门开展了相关技术的调查和研发工作，证实炭黑尾气、火炬气及氢气燃烧发电的技术是成熟和安全的。因此，技术的可行性也有效促进了循环经济系统通过建立炭黑尾气、火炬气和氢气利用方面的共生关系所实现的超越边界。

从驱动机制来看，制度同构、组织身份和市场机制都在能源利用方面对驱动 HH 循环经济系统超越边界发挥了重要作用。在制度同构机制方面，其中的强制同构和规范同构机制得到了更明显的体现。强制同构机制中的压力通常借助政府施加法规或政策的方式来实现。我国对盐、碱行业施行的盐碱联合政策，促使企业采取特定的形式和结构，即盐场和纯碱厂共同组建 HH 集团。这直接推动了盐场和纯碱厂超越单个企业的边界，识别并建立两者之间的产业共生关系。盐场和纯碱厂各自的电厂，也被组建为热电联产型的热电厂。在此基础上，最初的循环经济系统得以建立。由此可见，盐碱联合是 HH 循环经济系统的起点，这表明 HH 循环经济系统的建立是在强制同构机制的直接作用下实现的。热电厂和炭黑公司之间炭黑尾气利用共生关系的建立也体现了强制同构机制的作用。我国环境保护法律施加的压力，有助于驱动炭黑公司采取循环经济的理念解决炭黑尾气的处置问题，通过与电厂之间建立产业共生关系，加入循环经济系统，从而使循环经济系统超越边界。

制度同构机制中的规范同构机制是与专业化紧密联系的。HH 循环经济系统所在区域于 2003—2004 年开展了创建国家生态工业示范园区项目。在该项目开展过程中，HH 循环经济系统的企业及 HH 集团的主要管理和技术人员都接受了循环经济、产业生态、清洁生产等知识的培训和学习（Gao et al.，2016；侯华华，2005），从而具备一定程度的专业化知识。这促使成员企业在实践中主动运用循环经济的思维方式进行交流合作，去发现更多潜在的建立产业共生关系的机会。因此，在 HH 循环经济系统超越边界的演进过程中，通过培训实现人员专业化，成为规范同构机制作用的重要途径。此后，在能源利用方面，以火炬气、氢气、炭黑尾气利用产业共生关系的建立，必然受到这种以具备专业化能力所体现的规范同构机制的驱动作用。

在组织身份机制方面，循环经济系统建立初期形成的废热综合利用产业共生关系在运行过程中所取得的成效，使系统成员确信产业共生对实现能量梯级利用所具有的重要作用，进而对循环经济的价值观和行为方式形成一致认知，并在这一过程中逐渐塑造出 HH 循环经济系统的组织身份。这决定了持续运用循环经济的思维方式去解决问题，识别能量利用中的潜在产业共生关系，成为系统成员的核心能力。氢气、火炬气和炭黑尾气共生关系的建立，正是这种核心能力在实践中持续发挥作用的体现。新加入循环经济系统的企业，如氯碱树脂公司、石化公司，通过与系统成员之间开展产业共生合作的实践，具备循环经济系统的组织特征，成为系统中的成员。此外，规范同构机制的运行，促使 HH 循环经济系统的主要人员朝着专业化的方向发展，这必然会有助于推动系统组织身份的塑造，并对组织身份机制的运行发挥重要作用，进而更为有力地驱动循环经济系统在能源利用方面超越系统边界。

在市场机制方面，能源利用中所建立的超越边界的产业共生关系，都体现了稳定的市场需求。无论是氯碱树脂公司产生的氢气、石化公司产生的火炬气，还是炭黑公司产生的炭黑尾气，这些表现为副产品或废弃物形式的能源，都能够被热电厂及时充分地利用。也就是说，热电厂为其提供了稳定可靠的市场需求保障。此外，参与这些共生关系中的企业，都获得了经济效益。可见，市场机制驱动了 HH 循环经济系统建立这些能源利用的共生关系，实现对原有系统边界的超越。

能源利用方面建立超越边界产业共生关系的主要驱动因素与驱动机制见表 4-5。

表 4-5　能源利用方面超越边界共生关系建立的驱动因素与驱动机制

能源利用共生关系	体现的超越系统边界	主要驱动因素	主要驱动机制
废热综合利用	盐碱联合，首先超越盐场和纯碱厂的单个企业边界，并形成最初的循环经济系统	政府、经济、技术	制度同构（强制同构）、市场机制
氢气再利用（热电厂—氯碱树脂公司）	纳入氯碱树脂公司后形成新的循环经济系统	经济、技术、企业	组织身份、市场机制、制度同构（规范同构）
火炬气再利用（热电厂—石化公司）	纳入石化公司后形成新的循环经济系统	经济、技术、企业	组织身份、市场机制、制度同构（规范同构）
炭黑尾气再利用（热电厂—炭黑公司）	纳入炭黑公司后形成新的循环经济系统	政府、经济、技术、企业	制度同构（强制同构）、组织身份、市场机制

4.3.3.2　固废存量分析

　　HH 循环经济系统固废情景分析见表 4-6。基于 4 种情景的模拟，HH 循环经济系统超越边界演进过程中的固废存量结果如图 4-7 所示。

表 4-6　HH 循环经济系统固废情景分析

情景	飞灰利用率	电石泥利用率	碱渣利用率
当前情景-曲线 4	1.0	0（1995—2004 年） 1（2005—2011 年） 0（2012—2017 年）	0
情景 1-曲线 1	0	0（1995—2004 年） 1（2005—2011 年） 0（2012—2017 年）	0
情景 2-曲线 2	1.0	0	0
情景 3-曲线 3（不存在固废再利用的共生关系）	0	0	0

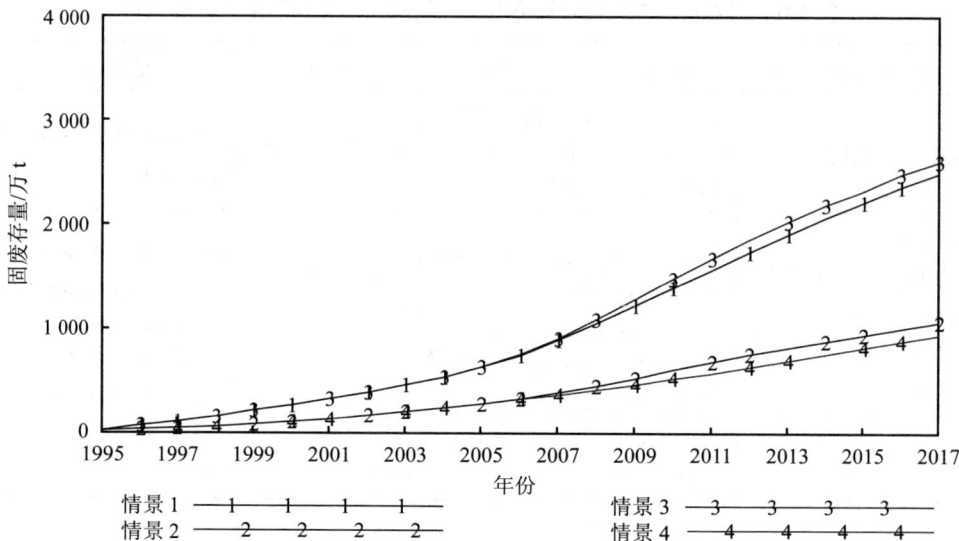

图 4-7　HH 循环经济系统固废存量变化趋势

　　如图 4-7 所示，1995—2005 年，曲线 1 和曲线 3 重合，原因在于在这两种情景下，该阶段均不存在固废再利用的产业共生关系。曲线 2 和曲线 4 重合，是因为在该阶段除热电厂和水泥厂之间建立的飞灰再利用的共生关系外，HH 循环经济系统内不存在其他与固废再利用相关的共生关系。1995—2003 年，曲线 1～曲线 4 的上升趋势相对平缓，表明 HH 循环经济系统内固废存量的增加速度比较缓慢，这是因为在该阶段，该系统的主要产品产量增长缓慢，固废产生量也相应增长较慢。曲线 1 在曲线 4 上方，表明飞灰再利用产业共生关系的建立降低了 HH 循环经济系统内的固废存量。曲线 4 仍呈增长趋势，这是因为 HH 循环经济系统内的碱渣未实现再利用，需暂时堆放于渣场。2003 年后，曲线 1～曲线 4 呈明显的上升趋势，尤其是曲线 1 和曲线 3，这是因为在 2003 年后，该系统主要产品的产量大幅增长以及一些新的企业建立，使蒸汽和电力的需求量相应增加，从而相应导致热电厂飞灰产生量的增加。同时，由于纯碱产量的大幅增加，使得碱渣产生量也相应大幅增加。在该阶段，曲线 1 和曲线 4 之间的距离相对较大，这表明飞灰再利用产业共生关系的建立对降低 HH 循环经济系统的固废存量起到了重要作用。

2005 年后，曲线 2 在曲线 4 上方，这表明 2005 年在纯碱厂与氯碱树脂公司之间建立的电石泥再利用共生关系在一定程度上降低了 HH 循环经济系统内的固废存量。2011 年后，曲线 2 和曲线 4 的斜率完全相同，表明 HH 循环经济系统的固废存量不再受电石泥再利用率变化的影响，这是因为氯碱树脂公司因聚氯乙烯（PVC）市场竞争激烈，于 2012 年停止了 PVC 的生产，因而不再产生电石泥，电石泥再利用的共生关系相应终止。HH 循环经济系统的固废存量完全是未实现再利用的碱渣。纯碱厂采用氨碱法的纯碱工艺，在制碱的同时会产生碱渣。碱渣的粒度很细，使碱渣表面积很大，未经处理的碱渣含水量高且难以脱水，其中氯化物主要以 NaCl、$CaCl_2$ 的形式存在，大量的氯离子导致碱渣很难实现工业利用（刘心中　等，2001）。纯碱厂与多家科研机构进行了碱渣资源化利用的研发，目前仍未找到技术可行的碱渣资源化利用的途径，使碱渣暂时堆放在渣场，导致系统固废存量呈现稳定增长的趋势。为促进循环经济系统固废资源化利用的进一步优化，需着力解决碱渣资源化利用问题。

由上述分析可以发现，HH 循环经济系统围绕固废利用相继建立的产业共生关系对减少系统固废存量发挥了积极作用。与能源消耗方面类似，固废方面建立的共生关系也体现了超越原有循环经济系统的边界。最初的循环经济系统中，体现固废利用的产业共生关系主要存在于热电厂和水泥厂之间。由 4.3.3.1 的分析可知，除了这两个企业之外，当时的循环经济系统还包括盐场、纯碱厂、溴素厂、小苏打厂和灭火剂厂，所对应的循环经济系统的边界是由这些企业形成的产业共生关系所终止的位置。2005 年，氯碱树脂公司成立，其产生的主要固废电石泥提供给纯碱厂，用来替代纯碱厂生产所需的部分石灰石原料，从而得到有效利用，意味着超越了原有循环经济系统的边界，将氯碱树脂公司纳入循环经济系统并组成了一个新的循环经济系统；这一新的循环经济系统的边界，是由热电厂、水泥厂、盐场、纯碱厂、溴素厂、小苏打厂和灭火剂厂这些循环经济系统的原有成员和新成员氯碱树脂公司之间构成的产业共生关系所终止的位置。虽然后来氯碱树脂公司因停止 PVC 的生产而不再产生电石泥，从而导致纯碱厂和氯碱树脂公司之间共生关系的终止。但如 4.3.3.1 所述，氯碱树脂公司于 2012 年又与热电厂建立了能源利用的共生关系，意味着其重新成为循环经济系统的成员。

从驱动因素来看，企业因素、经济因素和技术因素对推动固废利用方面 HH 循环经济系统超越边界发挥了主要作用。在企业方面，如 4.3.3.1 所述，循环经济系统成员在思想意识方面达成的一致，促使他们将循环经济理念融入企业发展战略，积极识别飞灰和电石泥再利用的潜在共生关系，并主动寻找、研发相应的技术。例如，在氯碱树脂公司建设之前，就计划利用聚氯乙烯（PVC）生产过程中产生的固废（电石泥）替代纯碱厂的主要生产原料（石灰石）。在经济方面，固废利用共生关系的运行获得了较好的经济效益。飞灰再利用共生关系可实现效益约 100 万元/年；纯碱厂通过利用氯碱树脂公司的电石泥，每年可节约石灰石约 15 万 t，每年实现效益 4 000 多万元。在技术方面，HH 集团对电石泥用于纯碱生产的相关技术的成功研发，有效解决了电石泥的资源化利用问题，使纯碱厂和氯碱树脂公司之间共生关系的成功建立具备了技术可行性。

从驱动机制来看，组织身份机制、规范同构机制和市场机制发挥了重要作用。在组织身份机制方面，电石泥资源化利用产业共生关系的建立，体现了企业运用循环经济的理念、价值观和思维方式去解决问题。氯碱树脂公司采用电石法的生产工艺生产聚氯乙烯，电石泥废渣是这种工艺必然会产生的固废，这成为该企业面临的主要环境挑战。然而，氯碱树脂公司在设计时就系统考虑了自身所采取的生产工艺与循环经济系统中纯碱厂的生产工艺之间的内在联系。在聚氯乙烯的生产中，电石泥产生于电石乙炔法制取氯乙烯的环节，其主要成分是氢氧化钙；而纯碱厂所采用的氨碱法生产工艺中，石灰石是生产纯碱的主要生产原料，用来在石灰工序中制备石灰乳（主要成分是氢氧化钙），并将石灰乳用于蒸氨工序。由此可见，虽然电石泥对氯碱树脂公司而言是不可避免的废弃物，但对纯碱厂而言，却可以将其利用以节约石灰石这种主要生产原料。这意味着对于这两个企业而言，电石泥这种"固废"只是一个相对的概念，通过两个企业之间交流合作并建立产业共生关系，氯碱树脂公司的废弃物就转变为可被纯碱厂利用的资源。这鲜明地体现了循环经济的理念和价值观，这种反映循环经济系统组织身份的认知和核心能力决定了纯碱厂愿意与氯碱树脂公司在建立产业共生关系方面达成一致，并使 HH 循环经济系统在实现超越边界的同时，也将氯碱树脂公司作为新的成员共同组成一个新的循环经济系统，新的系统边界也随之形成。制度同构机制中的规范同构机制也发挥了重要的促进作用，创建国家生态工业示范园区项目中开展的培训，使人员逐步专业化，增强了规范同构机制的作用，也相应提升了组织身份机制的作用。在市场机制方面，纯碱厂是循环经济系统中的核心企业之一，具有很大的生产规模，相应地对生产原料的需求量也很大，这决定了纯碱厂能够及时充分地消化氯碱树脂公司产生的电石泥。类似于 4.3.3.1 中的分析，纯碱厂为氯碱树脂公司产生的电石泥提供了可靠稳定的市场需求。通过建立电石泥利用的产业共生关系，纯碱厂和氯碱树脂公司都能够获益。纯碱厂节约了购买石灰石原料的费用，而氯碱树脂公司则节省了对电石泥进行处置的费用，从而体现出明显的互利共生。固废利用方面建立超越边界共生关系的主要驱动因素与驱动机制见表 4-7。

表 4-7　固废利用方面建立超越边界共生关系的驱动因素与驱动机制

固废利用共生关系	超越系统边界	主要驱动因素	主要驱动机制
飞灰再利用	超越热电厂和水泥厂的单个企业边界，与盐碱联合后形成最初的循环经济系统	企业、经济、技术	制度同构（强制同构）、市场机制
电石泥再利用（纯碱厂—氯碱树脂公司）	纳入氯碱树脂公司后形成新的循环经济系统	企业、经济、技术	组织身份、制度同构（规范同构）、市场机制；组织身份机制作用增强

4.3.3.3　废水存量分析

　　HH 循环经济系统内的废水主要包含苦卤、蒸氨废液和工业生产废水，所体现的废水综合利用主要可以归纳为两类：①一个企业产生的废水被其他企业作为生产原料利用，如盐场晒盐后产生的苦卤和纯碱厂生产纯碱时产生的蒸氨废液分别被作为硫酸钾厂和氯化钙厂的生产原料利用；②循环利用，如热电厂蒸汽冷凝水的回收利用；纯碱厂和热电厂的废水经集中收集、处理后，回用于纯碱厂冲灰、化盐等环节。

废水情景分析见表4-8。基于5种情景的模拟，HH循环经济系统超越边界演进过程中的废水存量结果如图4-8所示。

表4-8　HH循环经济系统废水情景分析

情景	废水循环利用率	蒸氨废液资源化利用率	苦卤资源化利用率
当前情景-曲线5	表函数5	0（1995—1996年） 0.87（1996—2017年）	1.0
情景1-曲线1	0	0（1995—1996年） 0.87（1996—2017年）	1.0
情景2-曲线2	表函数5	0	1.0
情景3-曲线3	表函数5	0（1995—1996年） 0.87（1996—2017年）	0
情景4-曲线4 （不存在废水综合利用的共生关系）	0	0	0

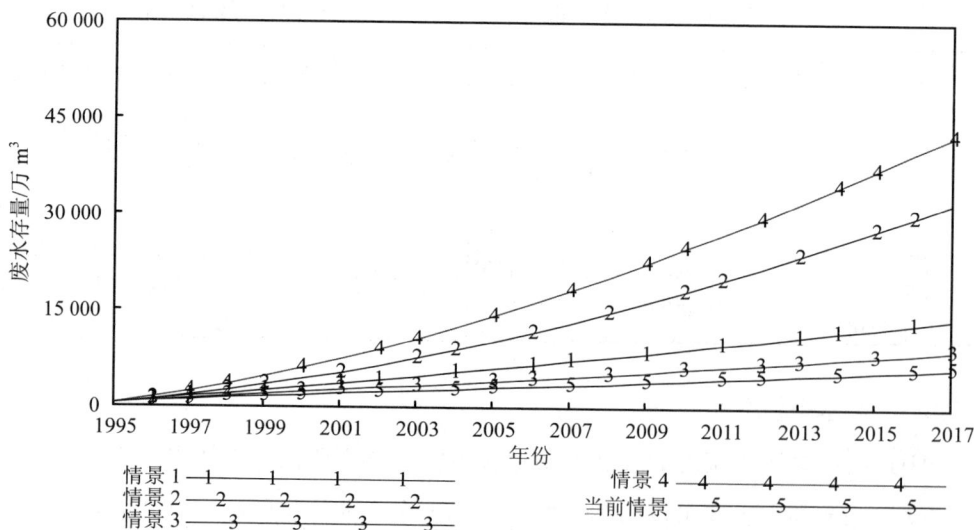

图4-8　HH循环经济系统废水存量变化趋势

如图 4-8 所示，1995—2003 年，曲线 1～曲线 5 的上升趋势相对缓慢，这是因为在该阶段，HH 循环经济系统产品的产量增长相对缓慢，废水产生量也相应增长较慢。曲线 1 和曲线 3 均在曲线 5 上方，表明废水循环利用和苦卤再利用共生关系的建立在一定程度上降低了 HH 循环经济系统的废水存量。1995—1996 年，曲线 2 和曲线 5 重合，是因为在该时间段，HH 循环经济系统还未建立蒸氨废液资源化利用的共生关系。1996 年后，曲线 2 在曲线 5 上方，表明蒸氨废液再利用共生关系的建立有效降低了 HH 循环经济系统内的废水存量。

2003—2017 年，曲线 1～曲线 4 均呈相对明显的上升趋势，尤其是曲线 2 和曲线 4，这表明在该阶段，HH 循环经济系统的废水存量持续增加，其主要原因是随着产品产量的增加，苦卤、蒸氨废液等废水产生量也相应增加，尤其是随着纯碱产量的大幅提高，蒸氨废液产生量也大幅增加。曲线 1～曲线 4 均在曲线 5 上方，表明废水循环利用、苦卤资源化利用以及蒸氨废液资源化利用共生关系的建立有效降低了 HH 循环经济系统的废水存量，特别是蒸氨废液资源化利用对降低系统的废水存量发挥了显著作用，从而使得蒸氨废液的大幅增加并没有导致系统内废水存量的显著增加。曲线 5 仍呈缓慢增长的趋势，这表明 HH 循环经济系统废水存量缓慢增长，原因在于市场竞争激烈，氯化钙厂的经济效益较低，氯化钙厂对蒸氨废液的需求量低于纯碱厂蒸氨废液的产生量，未能被及时利用的蒸氨废液需要暂存于废清液复晒场，从而导致 HH 循环经济系统的废水存量缓慢增长。

从驱动因素来看，资源、企业、经济、政府和技术等因素对推动 HH 循环经济系统在废水利用方面超越边界发挥了重要作用。在资源方面，HH 循环经济系统所在区域的淡水资源匮乏，所需淡水都来自外部区域的调水。这促进了企业之间围绕淡水资源充分利用寻求建立产生共生关系，从而使循环经济系统超越边界。例如，硫酸钾厂和氯化钙厂都需要使用热电厂提供的蒸汽，为充分利用淡水资源，两个企业对蒸汽冷凝水进行回收并输送回热电厂。此外，HH 循环经济系统的主导产业（海洋化工产业）是依托当地的优势资源（地下卤水和海水资源）建立并发展的。随着生产规模的扩大，地下卤水的储量和卤度呈逐年下降的趋势，有限的卤水资源驱动 HH 循环经济系统对卤水资源进行高效利用，充分提取卤水中的元素并提高相关产品的附加值。在企业方面，企业对产业共生的认识和环保意识不断提升，促使企业意识到如果将盐场晒盐后产生的苦卤、纯碱生产中产生的蒸氨废液直接排放必然会对当地海洋生态系统造成严重污染，并进而对海水养殖产生不利影响。企业在思想意识方面达成的一致，促使他们寻求实现苦卤和蒸氨废液利用的产业共生的途径，从而实现对系统边界的超越。在经济方面，废水的循环利用每年可节约淡水资源 60 多万 m^3，实现经济效益 120 多万元。蒸氨废液和苦卤产业共生关系的建立不仅解决了废液排放造成的环境污染问题，还以废液为原料生产硫酸钾、氯化镁、氢氧化镁、氯化钙这些新的产品，通过蒸氨废液和苦卤利用每年可分别实现经济效益约 2 000 万元和 1 600 万元，意味着创造了新的商业机遇，并产生了良好的经济效益。在政府方面，国家对蒸氨废液和苦卤利用提供了政策支持，将其列为国家资源综合利用项目，并提供税收减免和退税政策的优惠政策，这也进一步推动了 HH 循环经济系统建立体现超越边界的蒸氨废液和苦卤利用的产业共生关系。在技术方面，为充分利用蒸氨废液和苦卤，HH 集团与高校、科研机构合作研发蒸氨废液和苦卤再利用技术，为建立蒸氨废液和苦卤资源化利用的产业共生关系提供了技术支撑。

从驱动机制来看，组织身份机制、市场机制和制度同构机制发挥了重要作用。在组织身份机制方面，如能源和固废部分分析中所述，苦卤和蒸氨废液再利用产业共生关系的建立，也鲜明地体现了循环经济的理念和价值观，苦卤和蒸氨废液分别是盐场和纯碱厂生产中必然产生的废弃物，而通过建立超越系统边界的产业共生关系的方式，这些废弃物就转变为可分别被硫酸钾厂和氯化钙厂充分利用的资源。通过组织身份机制的作用，硫酸钾厂和氯化钙厂都成为循环经济系统的成员，并与之前的系统成员共同组成新的循环经济系统。这种反映循环经济系统组织身份的认知和核心能力决定了盐场—硫酸钾厂、纯碱厂—氯化钙厂之间产业共生关系的建立，使循环经济系统在实现超越边界的同时，也将硫酸钾厂和氯化钙厂作为新的成员共同组成一个新的循环经济系统。

在市场机制方面，由于苦卤和蒸氨废液产生的量都较大，为实现对这些废液的充分利用，硫酸钾厂和氯化钙厂的产能需要尽可能与其相匹配。尤其是蒸氨废液，随着纯碱厂生产规模的不断增加，蒸氨废液的产生量也相应增加，氯化钙厂需要及时调整生产规模，实现与纯碱厂之间在蒸氨废液方面达到供需平衡，从而实现蒸氨废液被及时利用。并且，通过建立复晒场，蒸氨废液可以得到有效收集、复晒浓缩和贮存，从而有助于根据市场变化作出相应调整使蒸氨废液的利用能够实现供需平衡。此外，苦卤和蒸氨废液的产业共生关系不仅使硫酸钾厂和氯化钙厂通过废液利用获得经济效益，还节省了盐场和纯碱厂对废液进行末端处理所需要的处理设施投资和运行费用，从而实现了互利共生以及环境效益和经济效益的双赢。

在制度同构机制方面，其中的规范同构机制发挥了主要作用，体现在政府对蒸氨废液和苦卤利用提供了税收减免和退税的优惠政策，这推动 HH 循环经济系统建立了相应超越边界的产业共生关系。

废水利用方面建立超越边界共生关系的主要驱动因素与驱动机制见表 4-9。

表 4-9　废水利用方面建立超越边界共生关系的驱动因素与驱动机制

废水利用共生关系	超越系统边界	主要驱动因素	主要驱动机制
苦卤资源化利用	超越盐场和硫酸钾厂的单个企业边界，与盐碱联合后形成最初的循环经济系统	资源、企业、经济、政府、技术	组织身份、市场、制度同构（规范同构）
蒸氨废液资源化利用（纯碱厂—氯化钙厂）	纳入氯化钙厂后形成新的循环经济系统	资源、企业、经济、政府、技术	组织身份、市场、制度同构（规范同构）

4.3.3.4　共生效益分析

本研究中，共生效益是指循环经济系统的成员通过建立副产品交换、废弃物综合利用、能量的梯级利用等产业共生关系所获得的环境效益和经济效益。例如，氯碱树脂公司在氯碱生产过程中产生的氢气送热电厂燃烧，能够节省热电厂的能源消耗；硫酸钾厂利用晒盐后的苦卤作为原料生产硫酸钾、氯化镁等产品，产生良好的经济效益。共生效益能够反映循环经济系统功能的强弱。共生效益持续增长，系统分解、消化的副产品和废弃物逐渐增多，表明循环经济系统功能逐渐提升。HH 循环经济系统的共生效益来源于上述各种产业共生活动。在对能源消耗、固废存量和废水存量进行情景分析时，输入端变量的变化同样会对系统共生效益产生影响，HH 循环经济系统超越边界演进过程中共生效益的变化趋势如图 4-9～图 4-11 所示。

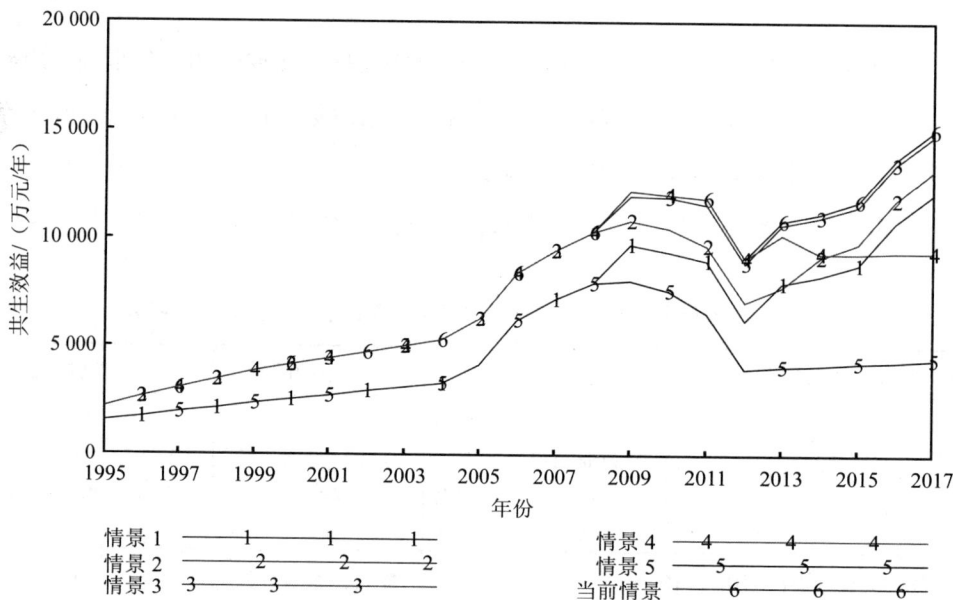

图 4-9 能耗情景分析下共生效益的变化趋势

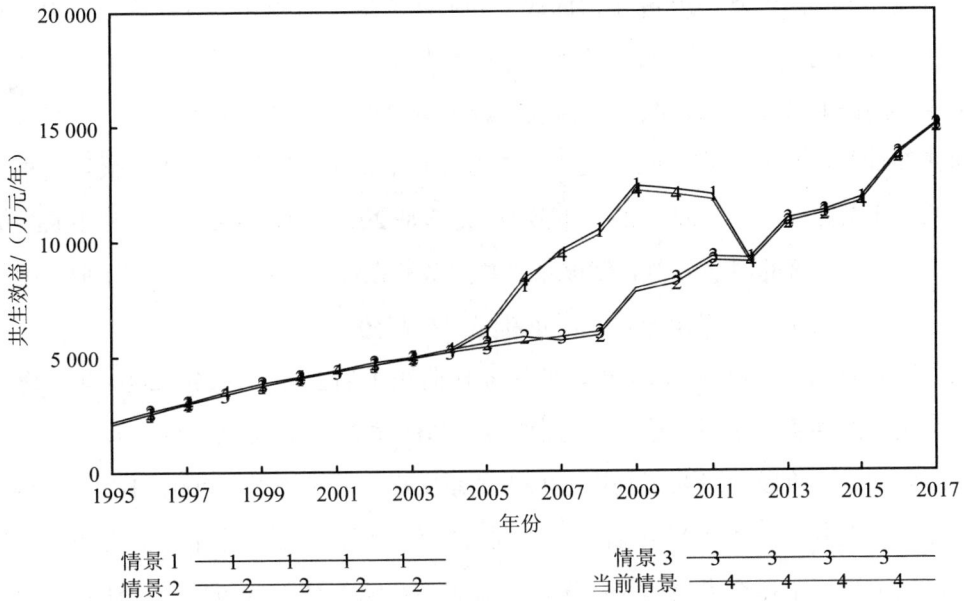

图 4-10　固废情景分析下共生效益的变化趋势

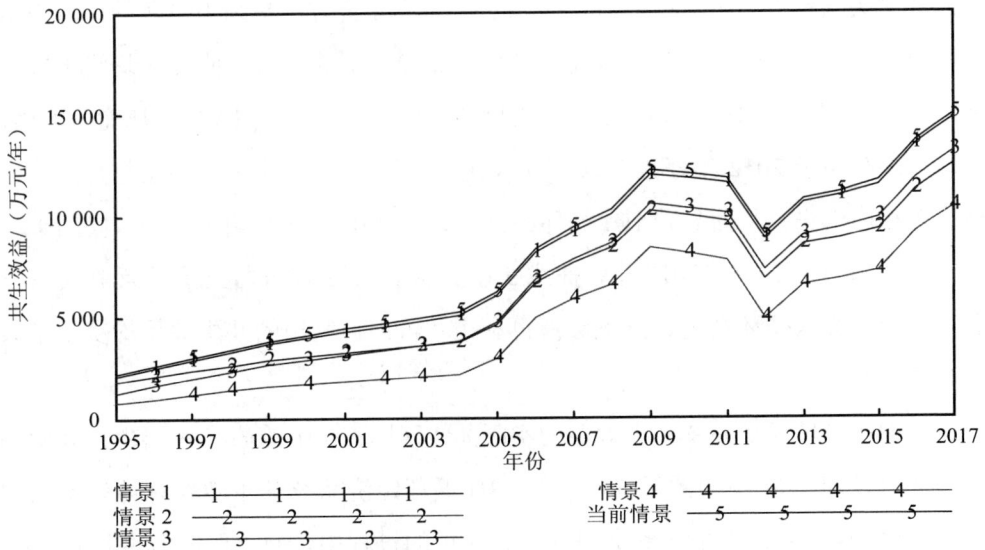

图 4-11　废水情景分析下共生效益的变化趋势

图 4-9 中，1995—2008 年，曲线 1 和曲线 5 均在曲线 6 下方，这是因为该阶段在能源利用方面，HH 循环经济系统除废热综合利用外，不存在其他与能源利用相关的产业共生关系，共生效益仅来源于废热综合利用。2008 年后，曲线 1～曲线 3 均与曲线 6 存在差距，表明废热综合利用、炭黑尾气再利用、火炬气再利用的共生关系均实现了良好的共生效益。尤其是 2012 年建立的氢气再利用共生关系，实现了显著的经济效益，使该系统共生效益在经历 2011—2012 年下降（因电石泥利用的共生关系终止导致）后重新呈增长趋势。

图 4-10 中，1995—2007 年，曲线 4 在曲线 1 的上方（1995—2004 年，电石泥再利用的共生关系还未建立，因此曲线 4 和曲线 2 重合，曲线 1 和曲线 3 重合），这表明在这一阶段，飞灰再利用的共生关系实现了共生效益。2007 年后，曲线 1 在曲线 4 上方，表明 2007 年后飞灰再利用未产生经济效益，这是因为飞灰在贮存和再利用过程中存在大气污染问题，面临日益严格的环保政策压力，HH 集团于 2007 年关闭了水泥厂，导致飞灰不能在系统内得到有效利用。为及时处理飞灰，HH 集团不得不将飞灰提供给区域外部的企业，并承担运输费用，因此飞灰再利用的共生关系不再产生共生效益。曲线 3 在曲线 2 上方，是因为飞灰的运输成本高于电石泥再利用带来的共生效益。2011—2012 年，曲线 1～曲线 4 均呈下降趋势，表明在该阶段，HH 循环经济系统的共生效益下降。由于 PVC 市场竞争激烈，氯碱树脂公司于 2012 年停止 PVC 生产，电石泥再利用共生关系随之终止，共生效益也相应消失，从而导致 HH 循环经济系统在 2011—2012 年的共生效益下降。

图 4-11 中，1995—2017 年，曲线 5 在曲线 1～曲线 4 的上方，表明在废水再利用方面，废水循环利用、蒸氨废液再利用和苦卤再利用的共生关系均实现了共生效益。

从 HH 循环经济系统共生效益的实际曲线（图 4-9 中的曲线 6、图 4-10 中的曲线 4 以及图 4-11 中的曲线 5）可见，HH 循环经济系统共生效益总体呈增长的趋势，这表明 HH 循环经济系统超越边界演进的过程中，通过建立能源综合利用、固废和废水再利用共生关系所实现的经济效益均呈逐渐增加的趋势。1995—

2003 年，共生效益增加较慢，是因为在 HH 循环经济系统发展的初期，共生企业和共生关系较少，产品产量、副产品和废弃物的产生量较低，从而使共生效益增长较慢。2011—2012 年，由于 PVC 停产，共生效益明显下降，但很快又呈上升趋势。2003—2017 年，共生效益呈快速增长趋势，这是因为 HH 循环经济系统建立了超越边界的新的共生关系并接纳了新的成员，使系统规模实现扩展；同时，产品产量迅速增加，副产品和废弃物的产量与再利用率相应提高，因此该阶段共生效益增长速度加快。

综上分析，本研究采用系统动力学模型揭示了在 HH 循环经济系统演进过程中，超越边界的产业共生关系的建立对降低能源消耗、固废存量和废水存量所取得的效果和共生效益。结果表明，与其他情景相比，当前情景下产业共生关系的建立有效降低了系统内能源消耗、固废存量以及废水存量。此外，HH 循环经济系统的共生效益总体上呈上升趋势，表明超越边界的产业共生关系的建立有利于循环经济系统朝着环境效益与经济效益双赢的方向发展。

4.3.4　主要研究发现

（1）循环经济系统边界的动态变化

循环经济系统超越边界是通过与系统外部建立产业共生关系体现的。通过案例分析可以发现，围绕能量、固废和废水利用，最初形成的循环经济系统逐渐与氯化钙厂、炭黑公司、氯碱树脂公司、石化公司这些系统外部企业建立了产业共生关系，在与每个企业建立共生关系的过程中，将企业先后纳入系统，使企业与之前系统的成员共同组成一个新的循环经济系统，新的循环经济系统的边界（体现新的循环经济系统成员之间共生关系终止的位置）也随之形成。可见，循环经济系统的边界是作为循环经济系统形成的结果而出现的。这验证了组织科学领域的学者关于边界被视为组织发展过程的结果的观点（Hernes and Paulsen，2003，2003b）。同时，循环经济系统成员的变化也会使边界随之变化，随着循环经济系统成员以及产业共生关系的增加，系统边界也随之扩展，这种扩展反映了循环经济系统的规模和影响范围的扩大。在案例循环经济系统超越边界的过程中还发现，炭黑公司的共生关系后来发生了中断，意味着炭黑公司不再是循环经济系统的成员，循环经济系统边界也相应出现收缩。这种在特定时期出现边界收缩的现象，与系统科学研究中的发现是一致的（Scott，2003）。但从案例循环经济系统演进过程的整体来看，循环经济系统的边界是扩展的。由此可见，从循环经济系统内部视角对循环经济系统边界进行的定义，有助于我们更系统深入地理解循环经济系统动态变化的演进过程。正如案例所揭示的，循环经济系统的演进是一个从简单到复杂的动态发展过程，这一过程的一个显著特征表现为循环经济系统超越原有的系统边界，超越边界并非边界消失，而是形成了新的系统边界，使循环经济系统边界在系统演进过程中呈现动态变化；而系统边界的变化，尤其是边界的扩展，则是通过识别并建立新的产业共生关系而实现的，这正是循环经济系统核心能力的重要体现。由此揭示了循环经济系统的边界意味着一个使循环经济系统的属性和特征进一步扩展的基点。因此，循环经济系统的演进过程，往往表现为循环经济系统超越原有的系统边界，从而形成新的循环经济系统以及实现系统规模的扩展。

（2）组织结构在循环经济系统超越边界中的作用

案例揭示的循环经济系统超越边界的现象，与该循环经济系统的组织结构有密切的关系。案例中循环经济系统的成员都来自 HH 集团，如氯化钙厂、炭黑公司、氯碱树脂公司、石化公司，这些企业在成为循环经济系统的成员之前，在隶属关系上与之前循环经济系统的成员企业一样，都隶属 HH 集团，也就是说他们都是 HH 集团的子公司。这种组织结构决定了当原有循环经济系统与这些企业建立超越边界的产业共生关系时，他们之间更易于建立相互信任的合作关系，并且集团还可以发挥统一协调的作用，因而更有助于这些企业之间建立产业共生关系。从循环经济系统组织身份的视角来看，盐碱联合后形成的循环经济系统在实践中所塑造的组织身份，也会由循环经济系统及所涉及的企业传递到集团，这使集团确信循环经济实践对集团整体发展所具有的重大意义和作用，并且也具备了循环经济系统的组织身份特征，并融入集团整体的规划和决策制定。这样，对于那些暂时还不是循环经济系统成员的集团企业，一旦潜在的共生关系出现，可以更高效地在实践中与成员企业建立起产业共生关系，并使自己成为循环经济系统的成员，从而使循环经济系统进一步超越边界。这种集团化的组织结构，与我国的国情有密切关系。在我国很多工业园区都是依托大型企业集团建立的，这为企业建立循环经济系统并通过超越边界实现系统演进提供了有利条件。对于这些企业集团，可通过系统分析循环经济系统超越边界的驱动因素，综合运用本研究所构建的驱动机制的作用，推动循环经济系统的建立和演进。在其他情况下，应当有体现支撑循环经济系统组织结构的相关组织来发挥类似集团所具有的作用。例如，在丹麦卡伦堡循环经济系统中，环境俱乐部（Environmental Club）和共生协会（Symbiosis Institute）为识别和建立新的产业共生关系发挥了重要的推动和协调作用（Jacobsen and Anderberg，2005）。英国国家产业共生项目中，由政府提供支持的国际产业共生公司负责对国家产业共生项目进行管理和运营（陈波　等，2021）。我国的国家级生态工业示范园区，尤其是其中的综合类生态工业示范园区，园区的管委会通常对园区循环经济系统的运行发挥重要的协调作用。如天津泰达国家生态工业示范园区的管委会，在支持并协调园区企业不断建立产业共生关系，实现园区循环经济系统规模的扩展方面取得了明显成效（中国循环经济协会，2017；Shi et al.，2010）。

（3）通过"分解者"企业建立超越边界的产业共生关系

在自然界中，分解者所具有的功能为自然生态系统的可持续提供了重要保障。在循环经济系统中，具有分解者功能的企业，通常能够有效利用其他企业的废弃物，对循环经济系统的建立和演进具有十分关键的作用（Geng and Côté，2002；Côté，2000）。通过案例分析可以发现，案例循环经济系统建立的超越边界的产业共生关系，大多是通过建立分解者企业或挖掘已有企业的分解功能实现的。例如，氯化钙厂是为了有效利用纯碱厂产生的蒸氨废液而建立的，因此承担了明显的分解者的作用。同时，这也使原有循环经济系统通过建立氯化钙厂和纯碱厂之间超越系统边界的产业共生关系实现了系统规模的扩展和演进。对于氢气、火炬气、炭黑尾气利用以及电石泥利用，则是通过挖掘循环经济系统已有企业中电厂和纯碱厂的分解功能而实现的，这使电厂和纯碱厂成为具有分解功能的企业，从而与系统外部的企业建立超越边界的产业共生关系，使循环经济系统实现规模的进一步扩展。由此可以发现，充分发掘企业的分解功能，有助于建立更多的使循环经济系统超越边界的产业共生关系，从而使循环经济系统实现规模的扩展。这也使循环经济系统在超越边界的演进过程中，能量和废弃物能够得到更加充分的利用，系统的结构和功能不断完善。

（4）驱动机制的综合作用

通过案例分析表明，在实践中循环经济系统超越边界是通过多种驱动机制的综合作用而实现的，这进一步验证了 Boons（2008，2012）的观点，即建立企业之间的产业共生关系不应单纯依靠市场机制的作用，而应在实践中探索如何发挥多种驱动机制的作用，这样才能更有效地推动循环经济系统的发展。通过运用本研究构建的组织身份、制度同构和市场机制的驱动机制框架进行分析发现，除市场机制所发挥的基础作用外，循环经济系统的组织身份和制度同构机制对推动循环经济系统超越边界也发挥了十分重要的作用。组织身份机制能够促使循环经济系统的成员主动考虑与系统外部的企业开展交流与合作，寻求以产业共生的方式去解决彼此面临的资源充分利用及废弃物处置问题，从而使循环经济系统的核心能力持续发挥作用，这在案例循环经济系统针对能量、固废和废水不断识别并建立超越边界的产业共生关系方面得到了充分体现。并且，组织身份机制与制度同构机制，尤其是与制度同构机制中的规范同构机制之间有密切的联系。对于循环经济系统而言，规范同构机制通常是通过企业人员的循环经济专业化水平实现的，这必然有助于企业深化对循环经济理念、价值观和行为方式的理解，形成体现循环经济的特定思维方式和产业共生关系模式的共同认知，从而促进循环经济系统组织身份机制的作用。因此，专业化水平的提升，在增强规范同构机制作用的同时，也将相应提高了组织身份机制的作用。案例所在区域在实施创建国家生态工业示范园区项目中，开展了循环经济相关知识和实践的培训，企业人员通过集体学习和交流，循环经济的专业化水平得到进一步提高，这有效促进了规范同构机制和组织身份机制在该循环经济系统超越边界中的作用。例如，在案例分析中发现，纯碱厂与氯碱树脂公司建立了电石泥利用的产业共生关系，氯碱树脂公司成为循环经济系统的成员并与其他成员企业共同构成了新的循环经济系统。后来，因市场原因，氯碱树脂公司停止了聚氯乙烯的生产，导致与纯碱厂之间的共生关系中断，使氯碱树脂公司不再是循环经济系统的成员。然而，虽然电石泥利用的产业共生关系停止了，但氯碱树脂公司与热电厂又通过识别并建立他们之间存在的氢气利用的产业共生关系，实现了能源的充分利用，使氯碱树脂公司重新成为循环经济系统的成员，这充分体现了循环经济专业化水平的提高，能够使规范同构机制和组织身份机制产生协同作用，促使识别并建立产业共生关系这一循环经济系统的核心能力得以持续发挥作用，从而有力推动循环经济系统通过建立超越边界的产业共生关系实现在区域范围上的扩展。这实际上也验证了 Baas 和 Boons（2004）提出的观点，即区域学习（regional learning），对于一个工业区域实现生态化改进以及推进区域的可持续发展具有十分重要的作用。

此外，协调机制的作用在案例中也得到了体现，HH 集团作为循环经济系统中企业的母公司，在协调蒸氨废液、氢气、火炬气、炭黑尾气利用以及电石泥利用等超越边界的产业共生关系的建立和运行方面发挥了重要作用。在当地实施创建国家生态工业示范园区项目中，通过企业、政府、科研机构多利益相关方的共同参与合作，也进一步协调了当地区域的企业参与循环经济系统的建设和完善。

4.4　本章小结

本章运用系统动力学方法，设置情景分析，建立了定量揭示循环经济系统超越边界演进过程的系统动力学模型，模型的建立包括明确建模目的、循环经济系统因果关系分析、循环经济系统超越边界演进过程的存量流量图建立、建立数学方程、模型优化、循环经济系统仿真和结果分析 6 个部分。选择典型循环经济系统为案例进行了实证研究，结果表明，本书研究建立的系统动力学模型能够揭示循环经济系统在演进过程中，超越边界的产业共生关系的建立对降低能源消耗、固废存量和废水存量所取得的效果和共生效益。与其他情景相比，当前情景下的产业共生的关系的建立有效降低了系统内能源消耗、固废存量以及废水存量。同时，案例循环经济系统的共生效益总体呈上升趋势，表明超越边界的产业共生关系的建立有利于循环经济系统朝着环境效益与经济效益双赢的方向发展。此外，通过将驱动机制和驱动因素的概念框架纳入模型的结果分析，能够从定性的角度系统分析驱动机制和驱动因素对循环经济系统超越边界演进过程的影响。

参考文献

陈波，石磊，邓文靖，2021. 工业园区绿色低碳发展国际经验及其对中国的启示[J]. 中国环境管理，13（6）：40-49.

郭亮，2007. 产业经济系统结构演进的系统动力学模型研究[D]. 大连：大连理工大学.

侯华华，2005. 区域清洁生产理论与方法研究[D]. 济南：山东大学.

胡聪聪，2013. 基于系统动力学的产业集群竞争力研究[D]. 哈尔滨：哈尔滨工业大学.

胡若漪，2015. 基于系统动力学的水环境承载力及其影响因素研究[D]. 长春：吉林大学.

贾仁安，丁荣华，2002. 系统动力学：反馈动态性复杂分析[M]. 北京：高等教育出版社.

刘心中，姚德，董凤芝，等，2001. 碱渣（白泥）综合利用[J]. 化工矿物与加工，30（3）：1-4.

苗丽娜，2007. 基于系统动力学的金融生态环境评价研究[D]. 武汉：武汉理工大学.

施国洪，朱敏，2001. 系统动力学方法在环境经济学中的应用[J]. 系统工程理论与实践，21（12）：104-110.

谭玲玲，2011. 我国低碳经济发展机制的系统动力学建模[J]. 数学的实践与认识，41（12）：106-113.

徐晓燕. 2014. 太原循环经济的系统动力学分析[D]. 太原：山西财经大学.

王其藩，1995. 系统动力学理论与方法的新进展[J]. 系统管理学报（2）：6-12.

王其藩，2009. 系统动力学（修订版）[M]. 上海：上海财经大学出版社.

杨剑，杨锋，王树恩，2010. 基于系统动力学的区域创新系统运行机制研究[J]. 科学管理研究（4）：1-6.

中国循环经济协会. 2017. 天津开发区产业共生网络建设典型经验. https：//www.chinacace.org/news/view？id=7997.

Baas L W，Boons F，2004. An industrial ecology project in practice：exploring the boundaries of decision-making levels in regional industrial systems[J]. Journal of Cleaner Production（12）：1073-1085.

Batten D F，2009. Fostering industrial symbiosis with agent-based simulation and participatory modeling[J]. Journal of Industrial Ecology，13（2）：197-213.

Boons F，2008. History's lessons：a critical assessment of the Desrochers Papers[J]. Journal of Industrial Ecology，12（2）：148-158.

Boons F，2012. Freedom versus coercion in industrial ecology：mind the gap! [J]. Econ Journal Watch，9（2）：100-111.

Côté R P，2000. Exploring the analogy further[J]. Journal of Industrial Ecology（3）：11-12.

Dangelico R M，Garavelli A C，Petruzzelli A M，2010. A system dynamics model to analyze technology districts' evolution in a knowledge-based perspective[J]. Technovation（30）：142-153.

Dolado J，1992. Qualitative simulation and system dynamics[J]. System Dynamics Review（8）：55-81.

Forrester J W，1994. System dynamics，systems thinking，and soft OR[J]. System Dynamics Review，10（2-3）：245-256.

Gao C，Hou H，Zhang J，et al.，2016. Education for regional sustainable development：experiences from the education framework of HHCEPZ project[J]. Journal of Cleaner Production（14）：994-1002.

Geng X, Wen Y, Zhou C, et al., 2017. Establishment of the sustainable ecosystem for the regional shipping industry based on system dynamics[J]. Sustainability, 9 (5): 742.

Geng Y, Côté R P, 2002. Scavengers and decomposers in an eco-industrial park[J]. The International Journal of Sustainable Development and World Ecology (9): 333-340.

Hernes T, Paulsen N, 2003. Introduction: boundaries and organization. In Paulsen N., Hernes Y. 2003. Eds. Managing boundaries in organizations: multiple perspectives. Palgrave Macmillan. New York, N.Y.

Hernes Y, Paulsen N. 2003b. Epilogue: a reflection and future directions. Managing Boundaries in Organizations. In Paulsen N., Hernes Y. 2003. Eds. Managing boundaries in organizations: multiple perspectives. Palgrave Macmillan. New York, N.Y.

Jacobsen N, Anderberg S, 2005. Understanding the evolution of industrial symbiotic networks: The case of kalundborg [C]. In Economics of Industrial Ecology-Materials, Structural Change and Spatial Scales; MIT Press: Cambridge, MA, USA.

Lu Y, Zhang S, Hao L, et al., 2016. System dynamics modeling of the safety evolution of blended-wing-body subscale demonstrator flight testing[J]. Safety Science (89): 219-230.

Nazareth D L, Choi J, 2015. A system dynamics model for information security management[J]. Information Management (52): 123-134.

Pakarinen S, Mattila T, Melanen M, et al., 2010. Sustainability and industrial symbiosis-The evolution of a Finnish forest industry complex[J]. Resources, Conservation and Recycling, 54 (12): 1393-1404.

Rodrigues A, Bowers J, 1996. The role of system dynamics in project management[J]. International Journal of Project Management (14): 213-220.

Rui M S P, Haie N, Machado G J, 2011. Modelling water resources using Vensim PLE [C]. In International Conference on Mathematical MODELS for Engineering Science, and Proceedings of the International Conference on Development, Energy, Environment, Economics, and Proceedings of the International Conference on Communication and Management in

Technological Innovation and Academic Globalization；World Scientific and Engineering Academy and Society：Haifa，Israel：227-232.

Saysel A K，Barlas Y，Yenigün O，2002. Environmental sustainability in an agricultural development project：a system dynamics approach[J]. Journal of Environmental Management，64（3）：247-260.

Scott W R，2003. Organizations：rational，natural，and open systems[M]. 4th ed. Pearson Education，Inc. New Jersey.

Shi H，Chertow M R，Song Y，2010. Developing country experience with eco-industrial parks：A case study of the Tianjin Economic-Technological Development Area in China[J]. Journal of Cleaner Production，18（3）：191-199.

Sterman J D，2001. System dynamics modeling：Tools for learning in a complex world[J]. California Management Review（43）：8-25.

Vlachos D，Georgiadis P，Iakovou E，2007. A system dynamics model for dynamic capacity planning of remanufacturing in closed-loop supply chains[J]. Computers & Operations Research（34）：367-394.

第5章

循环经济系统边界障碍的评价

5.1 循环经济系统的边界障碍

由前述章节的研究可知，循环经济系统超越边界是循环经济系统演进的重要途径；循环经济系统的演进通常表现为循环经济系统超越边界的动态发展过程。一方面，超越边界会在动力因素和动力机制的综合作用下展开；另一方面，超越边界产业共生关系的建立必然会面临若干障碍因素的制约。本书中，将制约循环经济系统建立超越边界产业共生关系的障碍称为循环经济系统的边界障碍。

与循环经济系统障碍相关的研究已被视为该领域亟待展开研究的重要问题（Boom-Cárcamo and Peñabaena-Niebles，2022；Cervo et al.，2019；Madsen et al.，2015）。Ritzén 和 Sandström（2017）指出，当建立产业共生关系时，从理解其中可能遇到的障碍出发是非常重要的。正在运行中的循环经济系统，仍面临阻碍其建立新的产业共生关系的一些障碍（Notarnicola et al.，2016；Golev et al.，2015；Van Beers et al.，2007），这些障碍存在于循环经济系统演进过程的不同阶段，障碍的重要性在不同阶段也会有所不同（Yeo et al.，2019；Golev et al.，2015）。因此，迫切需要对阻碍产业共生关系建立和循环经济系统发展障碍的程度进行识别和排序（Yeo et al.，2019；Promentilla et al.，2016；Golev et al.，2015；Grant et al.，2010），这将为循环经济系统的建立提供指导（Madsen et al.，2015），并有助于循环经济活动的实践者和利益相关方针对建立产业共生关系的根本障碍制定相应对策，从而促进循环经济系统的发展（Bacudio et al.，2016）。

目前，已有部分研究对影响产业共生关系建立和循环经济发展的障碍进行了识别（Boom-Cárcamo and Peñabaena-Niebles，2022；Henriques et al.，2021；Cervo et al.，2019；Neves et al.，2019；Bacudio et al.，2016；Golev et al.，2015；Walls and Paquin，2015；Van Beers et al.，2007）。其中，有学者从某一特定角度识别了有关建立产业共生的障碍，例如，管理体制障碍（Papathanasoglou et al.，2016；Pajunen et al.，2013；Watkins et al.，2013）、组织障碍（Walls and Paquin，2015；Sinding，2000）、环境法律法规障碍（Salmi et al.，2012）、信息与知识障碍（Raabe et al.，2017）。还有学者提出了一系列与建立产业共生关系相关的障碍，并结合具体案例对障碍进行了识别。例如，Golev 等（2015）、Van Beers 等（2007）在对澳大利亚奎纳纳（Kwinana）和格拉德斯通（Gladstone）的循环经济系统的研究中发现，建立产业共生关系的相关障碍包括技术、法律法规、经济和信息等方面。Leblanc 等（2016）对加拿大的 CIE 和 PEBZ 工业园区开展了相关研究，指出与产业共生活动相关的障碍包括成本、决策、责任、知识和法律法规。Park and Won（2008）研究发现，在韩国蔚山生态工业园项目中，相关的障碍主要体现在企业不愿意积极参与、环境法规以及园区缺乏统一管理等方面。此外，还有学者运用数学模型对建立产业共生关系的障碍进行了初步评估。Golev 等（2015）提出了一种定性方法——产业共生的成熟度网格（IS maturity grid），将其用于对建立产业共生的障碍进行分析，并指出该方法有助于识别影响区域产业共生发展的最关键的非技术障碍。Zhu 等（2015）引入因子分析法和聚类分析法，对制约我国工业园区产业共生发展的若干障碍进行了评价。Bacudio 等（2016）引入决策实验室分析法（decision making trial and evaluation laboratory，DEMATEL），用于识别工业园区中实施产业共生所面临的障碍。

通过上述文献调研可见，目前与循环经济系统建立超越边界产业共生关系的障碍有关的研究仍以定性为主，对障碍的评估研究非常有限。此外，尚未有文献建立包含一级障碍和二级障碍的层级结构模型,并对层级障碍开展综合评价研究。为填补目前研究的空白,本书通过构建层级结构模型,对循环经济系统的边界障碍进行半定量评价和排序,从而全面系统地揭示各种不同障碍的重要程度。

5.2 循环经济系统边界障碍因素的主要类别

基于文献检索分析,可将与循环经济系统边界障碍相关的因素归纳为 7 类,即政府障碍、经济障碍、技术障碍、组织障碍、信息障碍、认知与动机障碍、安全障碍。这些障碍与本书 3.2 的动力因素具有一定的内在联系。其中,政府因素、经济因素和技术因素既是动力因素,也会成为障碍因素。通过对相关文献的分析可以发现,在政府因素方面,动力因素中的政府因素主要体现在政府所颁布的严格的环境保护法律法规能够促使企业通过选择建立产业共生关系的途径实现减少废弃物的排放;并且,政府可以制定税收减免、退税、价格支持和公共补贴等金融支持政策来激励企业建立产业共生关系。障碍因素中的政府因素则主要体现在现有法律法规以及制度框架中所存在的阻碍产业共生关系建立的相关规定。在经济因素方面,动力因素中的经济因素主要在于企业建立产业共生关系能够实现经济效益;障碍因素中的经济因素则主要体现在企业参与产业共生缺乏明确的经济效益。在技术因素方面,动力因素中的技术因素体现在能够带来产业共生机会的创新技术的应用;障碍因素中的技术因素则主要是缺少用于建立产业共生的可靠的资源化技术的支撑。可见,上述动力因素和障碍因素之间是存在一定程度对应关系的。

在动力因素中,除政府、经济和技术因素外,还包括企业因素和社会因素。企业因素包含思想接近、相互信任、安全和意识 4 个方面;社会因素主要体现在对推动循环经济系统建立和发展发挥重要作用的社会组织。在障碍因素中,文献从组织角度提出的相关障碍因素,如组织结构、组织文化这些组织障碍,实际上都属于企业的范畴;此外,障碍因素中的认知与动机障碍,也与企业因素密切相关。信息障碍受到文献的较多关注并被单独作为一类障碍因素。安全因素在动力因素中被列入企业因素的类别，但在障碍方面受到学者的特别关注，因此被单独视为一类障碍因素。

综上所述，本书主要以文献研究为依据对动力因素和障碍因素的类别进行了归纳。但在对障碍因素综合评价的实证研究中，也将结合实地调研对障碍因素的类别进行完善。在 7 类与循环经济系统边界障碍相关的因素中，每一类障碍又包含若干具体小类，具体内容如下所述。

5.2.1　政府障碍

一些学者指出，政府的许多活动可能会阻碍循环经济系统的发展（Neves et al.，2019；Jiao and Boons，2014）。例如，政府的政策、法律法规、体制都会对产业共生关系的建立产生影响（Walls and Paquin，2015；Liu et al.，2012）。Chiu 和 Geng（2004）研究指出，一些政策与产业创新不协调，会限制循环经济系统的发展。Van Eijk（2022）指出，与循环利用相关的概念如果不能被政府有效纳入创新政策，将会制约产业共生关系的建立。Lehtoranta 等（2011）提出，由于政策文件很少考虑产业内部的结构变化和企业之间的合作等问题，就制约了产业共生关系的建立。

法律法规可能会阻碍企业之间的内在联系，因此也会成为产业共生关系建立的障碍（Gibbs，2003），从而影响循环经济系统的发展（Van Beers et al.，2007）。Heeres 等（2004）指出，复杂的环保法规可能会成为建立产业共生关系的障碍。Van Beers 等（2007）认为，法律法规障碍可能来自立法框架中的不确定性。Gibbs 和 Deutz（2007）研究发现，对废弃物的管制降低了废弃物被作为原料重新得以利用的机会。Leblanc 等（2016）认为，循环经济的实践中可能需要将废弃物重新定义为副产品，但根据目前的环境法规，将废弃物转化为副产品的过程是复杂的（Salmi et al.，2012），这阻碍了废弃物的利用（Golev et al.，2015）。基于欧盟的政策和法律框架，Watkins 等（2013）认为，在现行的《废弃物框架指令》（Waste

Framework Directive，WFD）中，关于废弃物的处置标准对产业共生关系的建立是不利的。Singh 等（2020）指出，当前欧盟的法律体系对于回收与再利用方面的阐述依然不够清晰，从而制约了产业共生关系的建立。法律法规还有可能会制约废弃物的运输与再利用（Chen et al.，2012；Mangan and Olivetti，2010），从而阻碍建立产业共生关系。Van Beers 等（2007）认为，对于受到管控的废弃物，应该采取严格的运输程序和要求。Desrochers（2001）指出，美国的《资源保护和恢复法案》（Resource Conservation and Recovery Act，RCRA）规定，禁止向美国出口那些被列入危险废弃物名单的废弃物。Papathanasoglou 等（2016）指出，根据希腊现有的法律制度框架，某些类别的工业企业不被允许位于同一工业区内，这限制了产业共生关系的建立。并且，Papathanasoglou 等（2016）强调，除了现行的法律法规所造成的障碍之外，缺乏全面的、专门的循环经济立法也阻碍了产业共生关系的建立和循环经济系统的发展。此外，与我国国情密切相关的是，我国之前的计划经济体制，会造成不同行业之间的壁垒，从而阻碍了产业共生关系的建立（Liu et al.，2012）。

5.2.2 经济障碍

经济因素是产业共生关系建立的关键因素之一（Yeo et al.，2019；Tudor et al.，2007；Mirata，2004；Côté and Cohen-Rosenthal，1998）。Golev 等（2015）指出，现有废弃物的价格机制会成为产业共生关系建立的障碍。Ayres（2004）认为，有许多工业废弃物在回收利用方面不具有经济性。因此，从企业的角度来看，废弃物的交换利用可能在经济上存在风险，这将限制企业之间潜在的产业共生活动的实现（Guo et al.，2016；Gibbs and Deutz，2007；Heeres et al.，2004）。Salmi 等（2012）认为，废弃物特别是危险废物的运输将带来很高的风险成本，将导致企业放弃利用废弃物作为原材料，从而阻碍产业共生的建立（Walls and Paquin，2015；Salmi et al.，2012）。还有一些学者指出，建立产业共生相关的新技术和基础设施所需要的较高的投资，也会阻碍企业实施产业共生（Walls and Paquin，2015；

Yu et al.，2015；Lehtoranta et al.，2011）。

此外，一些研究者认为，企业需要获得经济效益，在没有可靠的废弃物市场的情况下，经济障碍可能会抑制企业利用废弃物的动力（Guo et al.，2016；Gibbs，2003）。Mangan 和 Olivetti（2010）指出，在没有明确的潜在利益的情况下，企业不太可能参与建立产业共生关系。

5.2.3　技术障碍

有学者指出，对废弃物交换利用技术的不确定性可能成为产业共生关系建立的障碍（Mangan and Olivetti，2010；Heeres et al.，2004）。Van Beers 等（2007）指出，产业共生涉及副产品及废弃物的收集、回收与再利用。在技术方面的挑战，例如，是否存在可靠的回收技术，将导致许多潜在的产业共生机会难以建立。Liu 等（2018）在研究中提出了一些有关废水再生及固废再利用的技术障碍。

此外，缺乏与建立产业共生关系相关的评价技术也受到了一些研究者的关注。Costa 等（2010）强调，对于已经存在的生产及制造技术，缺乏对这些技术在循环利用某种废弃物方面所具有的功能进行评价的方法，是一个具有挑战性的技术障碍。Sakr 等（2011）认为，缺乏能够识别和评估当地潜在产业共生机会的方法是一个重要的技术问题。

5.2.4　组织障碍

Heeres 等（2004）指出，期望中的废物交换利用可能不符合企业当前的组织结构，这可被认为建立产业共生所面临的组织障碍。Walls 和 Paquin（2015）认为，组织结构会导致子公司在废物交换利用方面没有足够的自主权，从而限制产业共生关系的建立。一些研究者发现，国家或国际公司的子公司可能无法改变产品生产中涉及的材料之间的联系（Gibbs and Deutz，2007），或者对产业共生的废弃物交换利用缺少兴趣（Walls and Paquin，2015；Sakr et al.，2011），这被认为子公司决策权力有限导致的结果（LeBlanc et al.，2016；Sakr et al.，2011；Gibbs and Deutz，

2007）。此外，Heeres 等（2004）通过对美国 Fairfield 生态工业园项目的研究发现，在组织结构方面，Fairfield 缺乏一个代表所有行业/公司的企业家协会，这是造成该项目出现问题的因素之一。

组织文化在建立产业共生的实践中发挥着重要作用。共同的愿景和信念可以在参与产业共生关系建立的行动者之间形成共同的文化（Walls and Paquin，2015；Panyathanakun et al.，2013；Park et al.，2008）。一些学者指出，如果在企业的组织文化中，企业间合作的水平与意愿较低，则可能会导致企业不愿意参与循环经济系统（Mirata，2004），从而制约企业跨越自身边界以建立产业共生关系（Gibbs and Deutz，2007）。

此外，Tudor 等（2007）指出，一家核心企业的离开或寻找其他材料（产品）会对一个小型循环经济系统整体产业共生网络的运行造成影响。Heeres 等（2004）在研究 Rietvelden/Vutter（RiVu）生态工业园项目时发现，缺少大型、财务实力雄厚的企业是该项目建立产业共生关系的障碍之一。

5.2.5　信息障碍

信息支持能够通过识别潜在的匹配的物质流动关系，帮助发现产业共生的机会（Yeo et al.，2019；Grant et al.，2010），并制定建立产业共生的决策（Geng and Doberstein，2008）。Heeres 等（2004）认为，信息障碍可以被理解为正确的人在正确的时间无法获得所需要的信息。Gibbs（2003）指出，由于废弃物的潜在市场和潜在供应的信息不足，可能很难找到废弃物利用的途径。Chertow（2007）研究发现，企业的经理经常无法获得与他们邻近的企业建立产业共生关系所需的信息。

Heeres 等（2004）研究发现，信息交流平台对生态工业园项目中产业共生关系的建立至关重要。Raabe 等（2017）认为，参与产业共生关系的公司面临的主要障碍之一是缺乏有关可用的副产品和废弃物的信息。为此，他们建议，建立一个提供相关信息的协作平台将会有助于企业参与共生关系的建立（Raabe et al.，2017）。

此外，在企业信息交流方面也会存在困难。Leblanc 等（2016）研究发现，一些企业，尤其是大型企业，似乎不愿公开参与产业共生的活动，因为它们认为与潜在的竞争对手分享信息会带来风险。Sakr 等（2011）基于埃及工业背景的研究发现，企业拒绝交换信息，因为他们担心有些信息如果被监管部门获得，可能会对自身不利。

5.2.6　认知与动机障碍

一些研究者认为，认知或意识是建立产业共生关系的障碍之一（Mangan and Olivetti，2010；Ehrenfeld and Gertler，1997）。Mangan 和 Olivetti（2010）指出，企业通常认为废弃物具有负面的含义，使企业不愿关注废弃物的利用以及参与产业共生关系。Ehrenfeld 和 Gertler（1997）指出，由于废弃物长期以来一直被企业忽视，导致企业很难将废弃物纳入其发展战略。Notarnicola 等（2016）研究发现，建立产业共生所面临的一个主要制约因素是企业的发展战略高度面向其主要产品，将主要产品作为核心业务给予重点关注。在这种情况下，企业往往认为废弃物应当被尽快处理掉而非充分利用。一些研究者发现，建立产业共生的障碍之一是企业缺乏对与产业共生活动相关的概念、原则、潜在效益以及合作的理解（Raabe et al.，2017；Leblanc et al.，2016；Sakr et al.，2011；Fichtner et al.，2005；Lambert and Boons，2002）。

在对建立产业共生关系具备认知的基础上，一些研究者认为，建立产业共生意味着企业必须愿意进行合作（Wolf et al.，2005），其中可能存在动机障碍（Fichtner et al.，2005；Gibbs，2003；Brand and Bruijn，1999），缺乏信任是其中的障碍之一（Heeres et al.，2004；Gibbs，2003；Brand and Bruijn，1999）。Gibbs（2003）特别强调指出，缺乏信任会抑制产业共生关系的建立。Heeres 等（2004）通过对荷兰与美国的生态工业园项目进行比较研究发现，美国企业在参与生态工业园项目时，对作为生态工业园项目推动者的当地政府产生了更多的不信任，从而制约了产业共生关系的建立。Lehtoranta 等（2011）指出，在尝试建立产业共生关系时，对更大的地区而言，建立信任更具挑战性。

5.2.7 安全障碍

Chertow（2007）认为，对工业副产品的使用需要严格审查，尤其是当包含农业生产的循环经济系统中使用工业副产品时，因为这涉及十分重要的环境和健康问题。这意味着，如果产业共生关系中涉及的废弃物利用会对环境或人类健康造成潜在安全问题，将会制约该共生关系的建立。Chertow（2007）进一步指出，目前未发现关于副产品交换导致环境健康问题的广泛报道。Salmi 等（2012）研究发现，在波的尼亚湾建立产业共生的实践中，该区域开展的废弃物利用并没有重大的技术障碍；然而，从生态的角度来看，他们认为冬季在公海上运输危险物质存在风险，因此建议对海洋运输进行风险评估。

上述与循环经济系统边界障碍因素相关的研究内容归纳如表 5-1 所示。

表 5-1　循环经济系统边界障碍的类别

障碍类别	障碍类别中包含的具体类别	文献来源
政府障碍	● 政策障碍	（Branca et al.，2021；Walls and Paquin，2015；Lehtoranta et al.，2011；Chiu and Geng，2004；Ehrenfeld and Gertler，1997）
	● 现行法律法规导致的障碍	（Branca et al.，2021；Singh et al.，2020；Lombardi，2017；LeBlanc et al.，2016；Golev et al.，2015；Watkins et al.，2013；Chen et al.，2012；Salmi et al.，2012；Mangan and Olivetti，2010；Gibbs and Deutz，2007；Van Beers et al.，2007；Heeres et al.，2004；Mirata，2004；Desrochers，2001）
	● 缺乏专门的法律法规导致的障碍	（Papathanasoglou et al.，2016）
	● 政府机构或者政府管理体制障碍	（Papathanasoglou et al.，2016；Liu et al.，2012；Mirata，2004）

障碍类别	障碍类别中包含的具体类别	文献来源
经济障碍	● 生产成本障碍	（Branca et al.，2021；Walls and Paquin，2015；Salmi et al.，2012；Van Beers et al.，2007；Mirata，2004）
	● 投资障碍	（Walls and Paquin，2015；Yu et al.，2015；Lehtoranta et al.，2011）
	● 收益障碍	（Guo et al.，2016；Mangan and Olivetti，2010；Gibbs，2003）
技术障碍	● 缺乏回收技术与资源化技术	（Liu et al.，2018；Van Beers et al.，2007）
	● 缺乏评估技术	（Sakr et al.，2011；Costa et al.，2010；Gibbs，2003）
组织障碍	● 组织结构	（LeBlanc et al.，2016；Walls and Paquin，2015；Sakr et al.，2011；Gibbs and Deutz，2007；Heeres et al.，2004；Mirata，2004）
	● 组织文化	（Gibbs and Deutz，2007；Mirata，2004）
	● 缺少核心企业带动	（Tudor et al.，2007；Heeres et al.，2004）
信息障碍	● 缺乏获取信息的渠道	（Raabe et al.，2017；Guo et al.，2016；Chertow，2007；Heeres et al.，2004；Mirata，2004；Gibbs，2003）
	● 信息交换困难	（LeBlanc et al.，2016；Sakr et al.，2011）
认知与动机障碍	● 缺乏对产业共生及循环经济活动的了解	（Raabe et al.，2017；LeBlanc et al.，2016；Notarnicola et al.，2016；Sakr et al.，2011；Mangan and Olivetti，2010；Fichtner et al.，2005；Lambert and Boons，2002；Ehrenfeld and Gertler，1997）
	● 缺乏信任与合作	（Lehtoranta et al.，2011；Heeres et al.，2004；Gibbs，2003；Brand and Bruijn，1999）
安全障碍	● 对人类健康的潜在风险	（Chertow，2007）
	● 对环境和生态的潜在风险	（Salmi et al.，2012；Chertow，2007）

5.3　循环经济系统边界障碍的评价模型

本研究构建了一种综合层次分析法（AHP）和优劣解距离法（TOPSIS）的 Group AHP-TOPSIS 群体决策模型，用来系统评价循环经济系统的边界障碍。该模型方法的结构如图 5-1 所示。

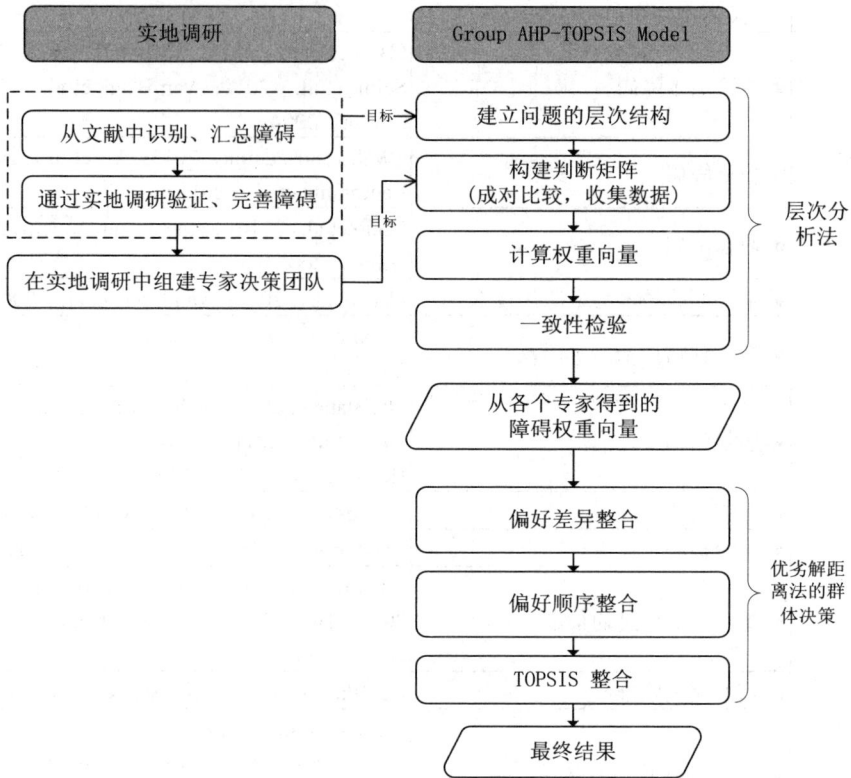

图 5-1 循环经济系统边界障碍评价的 Group AHP-TOPSIS 模型流程

其中，对循环经济系统实地调研的目的在于：①在借助文献检索对循环经济系统边界障碍进行识别汇总的基础上，进一步通过对循环经济系统的实地调研，收集有关循环经济系统边界障碍的信息，从而使信息具有全面性；②邀请循环经济系统中的专家，组成专家决策团队，请他们填写层次分析法所需的相关问卷。

5.3.1 层次分析法

本书将层次分析法引入循环经济系统边界障碍的评价模型。层次分析法（analytic hierarchy process，AHP）最早由数学家 Thomas L. Saaty 提出（Saaty，

1977），用于确定多准则决策问题中一系列对象的相对重要性，然后根据专家的判断作出选择（Mikhailov，2004；Badri，2001），这使无形的定性标准与有形的定量标准能够实现有效结合（Badri，2001）。层次分析法得到了广泛认可（Mangla et al.，2017），并被应用于制造系统、技术评价、战略选择、企业能力评价、组织绩效评价和可持续发展评价等多个领域（Ishizaka and Labib，2011）。该方法具有很多优点，尤其是易于应用，能够结合定性和主观因素进行评价，并提供衡量这些判断一致性的方法（Park and Han，2002）。

在本研究中，层次分析法有助于使定性的障碍实现定量化，并验证专家判断的一致性，从而更明确地识别循环经济系统的边界障碍。当前，一些研究者结合层次分析法开展了与循环经济领域相关的障碍评价问题，包括可持续消费与生产的障碍（Luthra et al.，2016）、绿色供应链管理障碍（Uddin et al.，2019）、可持续供应链障碍（Kathirvel et al.，2019）和可再生能源发展障碍（Ghimire and Kim，2018）。然而，已有文献中尚未发现应用层次分析法对循环经济系统边界障碍进行评价的相关研究。本研究将探讨引入层次分析法用于构建循环经济系统边界障碍的综合评价模型。

层次分析法的应用一般包含以下 3 个步骤。

（1）建立问题的层次结构

将一个复杂的决策问题构造成一个层次结构，涉及把问题分解成它的基本组成部分，这有助于确定较低层次元素相对于较高层次元素的重要性（Albayrak and Erensal，2004）。本研究在对文献报道的有关循环经济系统边界障碍进行系统归纳的基础上，结合实地调研，将循环经济系统的边界障碍分为一级障碍和二级障碍两个层次，该层次结构由 7 个一级障碍和 23 个二级障碍组成。循环经济系统边界障碍的层次结构和详细信息如图 5-2 和表 5-2 所示。图 5-2 中，评价循环经济系统边界障碍的总体目标用"A"表示，一级障碍用"B"表示，一级障碍又被进一步划分为二级障碍，用"C"表示。

| 总目标 | 一级障碍 | 二级障碍 |

政府障碍(B1)
- 管理体制障碍(C1)
- 政策障碍(C2)
- 推动产业共生的法律法规障碍(C3)
- 法律法规的约束障碍(C4)

经济效益障碍(B2)
- 生产成本障碍(C5)
- 投资障碍(C6)
- 产品附加值障碍(C7)

技术障碍(B3)
- 回收技术障碍(C8)
- 资源化技术障碍(C9)
- 识别和评估产业共生的技术障碍(C10)
- 产业链延伸技术障碍(C11)

循环经济系统边界障碍评价(A)

组织障碍(B4)
- 组织文化障碍(C12)
- 缺少核心企业带动障碍(C13)
- 缺乏关键领导人推动障碍(C14)
- 协调作用障碍(C15)
- 与政府的沟通障碍(C16)

信息障碍(B5)
- 信息平台障碍(C17)
- 信息交换障碍(C18)

认知和动机障碍(B6)
- 认知障碍(C19)
- 信任和合作障碍(C20)
- 交流障碍(C21)

安全障碍(B7)
- 生态安全障碍(C22)
- 人的安全障碍(C23)

图 5-2　循环经济系统边界障碍的层次结构

表 5-2　循环经济系统边界障碍的层次分类及解释

一级障碍（B）	二级障碍（C）	描述
政府障碍（B1）	管理体制障碍（C1）	政府机构设置与政府管理模式对产业共生关系的建立造成的障碍
	政策障碍（C2）	政府政策对产业共生关系的建立造成的障碍
	推动产业共生的法律法规障碍（C3）	由于缺乏实施循环经济的专门法规，导致建立产业共生关系面临障碍
	法律法规的约束障碍（C4）	因法律法规对产业共生关系的约束所产生的障碍
经济效益障碍（B2）	生产成本障碍（C5）	因产业共生项目的生产成本较高，导致建立产业共生关系面临障碍
	投资障碍（C6）	由于与产业共生相关的新技术或基础设施的大量投资，以及较长的投资回收期，导致建立产业共生关系面临障碍
	产品附加值障碍（C7）	产业共生项目的产品附加值较低，导致建立产业共生关系面临障碍
技术障碍（B3）	回收技术障碍（C8）	由于缺乏废弃物回收技术（如废热回收技术），导致建立产业共生关系面临障碍
	资源化技术障碍（C9）	由于缺乏废弃物及副产品资源化利用的技术，导致建立产业共生关系面临障碍
	识别和评估产业共生的技术障碍（C10）	由于缺乏有效识别和评估产业共生关系的潜在机会的技术，导致建立产业共生面临障碍
	产业链延伸技术障碍（C11）	由于缺乏将一种产品作为生产其他产品的原材料，以增加产品附加值的相关技术,对建立产业共生关系造成的障碍
组织障碍（B4）	组织文化障碍（C12）	由于缺乏与循环经济相关的组织文化，导致产业共生关系的建立面临障碍
	缺少核心企业带动障碍（C13）	由于核心企业在产业共生方面的带动作用不足,导致产业共生关系的建立面临障碍
	缺乏关键领导人推动障碍（C14）	由于企业领导人对产业共生的推动作用不足,导致产业共生关系的建立面临障碍
	协调作用障碍（C15）	由于组织的协调作用不足,导致产业共生关系的建立面临障碍
	与政府的沟通障碍（C16）	由于缺乏与政府的有效沟通和反馈,导致产业共生关系的建立面临障碍

一级障碍（B）	二级障碍（C）	描述
信息障碍（B5）	信息平台障碍（C17）	由于缺少能够有效获取产业共生所需信息的平台，导致产业共生关系的建立面临障碍
	信息交换障碍（C18）	由于企业之间的信息交流不充分，导致产业共生关系的建立面临障碍
认知和动机障碍（B6）	认知障碍（C19）	由于缺乏对循环经济及产业共生概念内涵的认识理解，导致产业共生关系的建立面临障碍
	信任和合作障碍（C20）	由于企业之间缺乏信任和合作，导致产业共生关系的建立面临障碍
	交流障碍（C21）	由于企业之间缺乏与产业共生相关的交流，导致产业共生关系的建立存在障碍
安全障碍（B7）	生态安全障碍（C22）	由于产业共生关系对生态造成的潜在安全问题所形成的对建立产业共生关系的障碍
	人的安全障碍（C23）	由于产业共生关系对人造成的潜在安全问题所形成的对建立产业共生关系的障碍

（2）构造判断（成对比较）矩阵

首先，为了获取层次分析法所需要的原始数据，需要建立专家决策团队。其次，向专家介绍本研究的目的、各个边界障碍的含义，以及打分判断的方法。最后，专家根据自己对循环经济系统的观察和经验对边界障碍进行成对比较，即在每个层次上，按照层次结构对障碍进行两两比较（图 5-2 和表 5-2）。这使语言判断（如明显重要、绝对重要等）可以转换为数字尺度（1/9～9）（Lee et al.，2010），通常是 1～9 的整数（Saaty，1990）。考虑到 9 级量表过于复杂，本研究采用了 1、3、5、7、9 这 5 个级别（Scala et al.，2016；Albayrak and Erensal，2004）。根据 Saaty（1990）的建议，表 5-3 列出了比较障碍 i 和障碍 j 重要性的量表。在成对比较过程中，专家只需关注被比较的两个因素，而不受外部的影响（Schniederjans and Wilson，1991）。

表 5-3　障碍 *i* 相比障碍 *j* 重要性的量表

重要程度	解释
1	障碍 *i* 与障碍 *j* 同等重要
3	障碍 *i* 比障碍 *j* 稍微重要
5	障碍 *i* 比障碍 *j* 明显重要
7	障碍 *i* 比障碍 *j* 强烈重要
9	障碍 *i* 比障碍 *j* 绝对重要
1/3	障碍 *j* 比障碍 *i* 稍微重要
1/5	障碍 *j* 比障碍 *i* 明显重要
1/7	障碍 *j* 比障碍 *i* 强烈重要
1/9	障碍 *j* 比障碍 *i* 绝对重要

（3）计算权重向量与一致性检验

获得判断矩阵后，每个元素的权重通常是通过计算判断矩阵的特征向量（矩阵的一种可以计算的属性）而得到的（Albayrak and Erensal，2004），得到的权重需要经过一致性检验（Ishizaka and Labib，2011）。层次分析法允许专家进行主观判断，但不能自然地保证专家判断的一致性（Darko et al.，2019）。因此，一致性检验对于验证主观判断和优化结果的合理性至关重要（Darko et al.，2019）。一致性检验的衡量方法是一致性指数（consistent index，CI）和一致性比率（consistent ratio，CR）（Saaty，1990）。

根据 Saaty（1990）的建议，一致性比率（CR）小于 0.1 时的结果被认为是可接受的，该阈值得到了较多采纳。但在不同的研究中，对该阈值的定义并不一致（Schmidt et al.，2016），即使 CR＞0.1，也有可能给出一个合理且一致的答案（Uzoka et al.，2011；Karapetrovic and Rosenbloom，1999）。因此，一些研究者（Pauer et al.，2016；Chen et al.，2014；Pecchia et al.，2011；Uzoka et al.，2011；Lee et al.，2010）认为，当 CR＜0.2 时，也可以认为结果具有可接受的一致性水平，这一阈值已被用于一些研究中，如 Uzoka 等（2011）及 Pauer 等（2016）。在本研究中，0.1 的阈值有些严格，这与其他研究中报道的问题类似（Bodin and Gass，2003），即尽管一些专家结果的 CR 在 0.1～0.2，但他们对自己的判断仍有信心。因此，本研究采用 0.2 作为 CR 的阈值。当 CR＞0.2 时，需要进行一致性修正（Xu and Wei，1999；Saaty，1990），并可以采用 Kou 等（2014）提出的一致性修正方法（Xie et al.，2018；Dong and Cooper，2016；Krylovas et al.，2014）。该方法仅依赖于原始矩阵，保留了大部分原始信息，可以显著提高矩阵的一致性以及判断的可靠性（Kou et al.，2014）。

最终，可以得到各专家给出的循环经济系统边界障碍重要性的定量结果。这些结果可以整理成矩阵形式，如式（5-1）所示。其中，元素 c_{kj}（k=1，2，$\cdots$，p；j=1，2，$\cdots$，n）代表专家 k 给出的障碍 i 的相对权重。

$$C = \begin{bmatrix} c_{11} & c_{12} & \cdots & c_{1n} \\ c_{21} & c_{22} & \cdots & c_{2n} \\ \vdots & \vdots & & \vdots \\ c_{p1} & c_{p2} & \cdots & c_{pn} \end{bmatrix} \tag{5-1}$$

5.3.2　群体优劣解距离法

5.3.2.1　群体决策模型

在层次分析法（AHP）的应用中，通常需要包括一位以上的专家参与成对比较，允许具有不同观点、不同专业知识的专家在最终决策时同时发挥作用（Scala et al.，2016）。在这种情况下，需要确定每位专家的决策如何在最终结果中发挥作用，因此必须对标准的层次分析法进行调整，使其适用于群体决策（Ishizaka and Labib，2011）。这需要选择合适的方法来对各专家给出的判断结果进行整合，这一过程被称为群决策（group decision making，GDM）。

群决策（GDM）是指一群专家针对一组可行的替代方案表达他们的偏好，并在方案的选择上达成共识的过程（Morente-Molinera et al.，2015）。在本研究中，为了使循环经济系统边界障碍的评价结果更可信，有必要请多位专家，而不是一位专家，对循环经济系统的边界障碍进行成对比较。因此，需要对标准的层次分析法进行调整，以适应群决策过程。这意味着需要将不同专家对不同方案的偏好整合在一起，以达成共识（Ishizaka and Labib，2011）。

通常来说，将层次分析法应用于群决策时，专家的意见可以通过一致性投票或者数学模型进行整合。前者要求专家小组在成对比较的过程中对每一个项目的值达成一致，而后者采用数学模型来汇总每一位专家给出的结果。然而，一致性投票通常很难进行，特别是当判断矩阵的数量与维度变大时，相关的讨论会变得低效（Ishizaka and Labib，2011）。导致低效以及难以达成共识的原因有很多，例如，冗长的讨论、跟风行为、责任不明确以及让一部分人不满意的妥协等（Huang et al.，2009）。在这种情况下，可以采用数学模型来整合专家的判断（Ishizaka and Labib，2011）。一些研究者（Mikhailov，2004；Forman and Peniwati，1998）对相关研究进行了总结，认为用数学模型整合层次分析法群决策结果通常包含两条思路：①整合每个人的判断矩阵（aggregating individual judgments，AIJ）；②整合每个人的权重向量（aggregating individual priorities，AIP）。

很多研究对 AIJ 和 AIP 的具体方法进行了综述（Saaty and Vargas，2012；Forman and Peniwati，1998；Aczél and Saaty，1983）。一些研究者（Saaty and Vargas，2012；Aczél and Saaty，1983）认为，只有几何平均值（geometric mean，GM）或者加权几何平均值（weighted geometric mean，WGM）适用于 AIJ，因为这样做才能保证判断矩阵的互易性质。Forman 和 Peniwati（1998）也认为，只有 GM 或者 WGM 适合 AIJ。对于 AIP，他们提出，可以采用算术平均值（arithmetic mean，AM）、加权算术平均值（weighted arithmetic mean，WAM）等方法；同时，GM 或者 WGM 也适用于 AIP。

值得注意的是，当采用 GM 或者 AM 时，在数学上，相当于认为所有专家的判断是同等重要的（Scala et al.，2016）。然而，Huang（2009）等研究者认为，这种方法过于直接。当采用 WGM 或者 WAM 时，在数学上，不同专家的判断的重要性是不同的。因此，需要一种方法来确定每个专家的判断在结果中的权重（Scala et al.，2016）。有许多综述文章详细讨论了 WGM 或者 WAM 的具体方法（Scala et al.，

2016；Beynon，2005；Van den Honert，2001；Ramanathan and Ganesh，1994）。

除 AIJ 和 AIP 外，还有很多方法可以用于整合专家的判断。Zadnik 和 Grošelj（2013）认为，虽然群决策层次分析法已经在实践中得到了广泛的应用，但是，如何选择合适的整合方法，从而聚合每个个体的判断，这一问题尚未被完全解决。Grošelj 等（2015）对各种整合方法进行了比较，认为没有一种整合方法是通用的、最好的。这意味着没有一个模型在所有情况下都是最优的。因此，在不同的情况下，需要根据研究的实际情况来选择模型。

5.3.2.2 群体优劣解距离法

在本研究中，为获得更具说服力的结果，AHP 涉及多个专家对循环经济系统的边界障碍因素进行成对比较，这允许不同专业和持有不同观点的专家的知识在最终决策中发挥作用（Scala et al.，2016）。在得到每个专家给出的循环经济系统边界障碍重要性的定量结果后，本研究采用 Huang 和 Li（2012）提出的群体优劣解距离法决策模型（group TOPSIS decision model）对各专家的判断进行整合，从而实现层次分析法的群决策。

根据 4.3.2.1 中的论述，在本研究中，一致投票是不合适的。因为一个循环经济系统通常包含多个企业或行业，这决定了专家们很难在各个方面完全达成共识（Huang et al.，2009）。另外，当需要作出决策时，需要考虑的标准是多样化的，不可能期望一个专家拥有所有所需的专业知识，并对所有标准都有深刻的了解（Ramanathan and Ganesh，1994）。

因此，本研究需要寻求一个合适的数学模型对专家们的判断进行整合（Ishizaka and Labib,2011）。目前，已有许多模型可以用于整合专家的判断。Zadnik 和 Grošelj（2013）指出，虽然群决策情景下的层次分析法已经被广泛应用，但是，如何选择合适的方法用来整合个体的判断的问题，尚未解决。一些学者对层次分析法中的整合方法进行了广泛的综述，系统地比较了这些数学模型的特点（Ossadnik et al.，2016；Grošelj et al.，2015）。基于这些研究，本研究在模型构建中引入了 Huang(2012,2009)提出的模型，因为该模型考虑了偏好差异（preferential differences）和偏好优先级（preferential priorities）这两个因素，更适合于本研究的要求。

Group TOPSIS 决策模型包括以下 3 个步骤（Huang and Li，2012）。

（1）偏好差异整合（preferential differences integration）

偏好差异是指每个专家的备选方案之间偏好权重的差异（Angiz et al.，2012）。Ramanathan 和 Ganesh（1994）认为，当面临的因素较多时，通常很少有专家能针对所有的指标给出专业的评价。如果专家不能够或者没有兴趣明确区分某些指标，他们往往会给这些指标设置相近的权重值（Huang and Li，2012）。Huang 等（2009）认为：较为合理的事实是，针对一组特定指标的评价，具有较大偏好差异的专家比较小偏好差异的专家更有影响力。这是因为具有较大偏好差异的个体会为自己的选择而坚持。而其他成员可能不会像他们那样，因为他们对所有指标的看法相似。Basak 和 Saaty（1993）认为，在任何理性的共识中，知道并了解更多情况的人理应对共识的达成贡献更多；相反，对情况不怎么了解的人应该对共识的达成贡献更少。在本研究中，也应当考虑偏好差异，从而使结果更准确。

根据 Huang 和 Li（2012）给出的定义，如式（5-2）所示，为专家 k 给出的障碍 i 和障碍 j 之间的权重差。

$$\alpha_{kij} = \left| c_{ki} - c_{kj} \right|, i \neq j \tag{5-2}$$

专家 k 的偏好差异可以通过权重差导出，如式（5-3）所示。

$$\alpha_k = \frac{\sum\limits_{j<j} \alpha_{kij}}{\sum\limits_{k=1}^{p} \sum\limits_{i<j} \alpha_{kij}}, 0 < \alpha_k < 1, i \neq j, 1 \leqslant i < j \leqslant n \tag{5-3}$$

例如，当专家总数为 2、障碍总数为 3 时，1 号专家的偏好差异

$$\alpha_1 = \frac{\alpha_{112} + \alpha_{113} + \alpha_{123}}{\alpha_{112} + \alpha_{113} + \alpha_{123} + \alpha_{212} + \alpha_{213} + \alpha_{223}}$$

（2）偏好优先级整合（preferential priorities integration）

偏好优先级是指每个专家给出的各个指标从大到小排序的等级（Angiz et al.，

2012）。使用偏好优先级整合方法重在强调最佳的选择通常比其他选择重要得多（Huang and Li，2012），这一点也被 Inti 和 Tandon（2017）的研究证明。在本研究中，考虑偏好优先级有助于突出专家认为比较重要的循环经济系统边界障碍。

根据以上分析可见，采用偏好差异整合和偏好优先级整合的方法有助于识别循环经济系统边界障碍中比较重要的障碍。这两种方法被证明是符合现实且理性的（Angiz et al.，2012），其作用和意义也已被其他研究证实（Kittiyankajon and Chetchotsak，2018；Inti and Tandon，2017）。应当注意的是，一些其他因素，如专家在评价过程中的冒险程度，可能会影响实际的整合专家判断的过程（Huang and Li，2012）。如果某位专家的判断与多数人的判断偏差过大，那么该专家在结果中所占的权重就会过大，从而导致结果的偏颇。为避免这一问题，上述两种方法在使用时需要满足以下 3 个假设（Huang and Li，2012）：①所有专家都可以表达他们的偏好并进行相应的比较判断；②所有专家都应该诚实，不会故意高估或低估某些选择；③没有垄断判断的情况出现，所有专家都有相同的权力。

根据 Huang 和 Li（2012）给出的定义，障碍排序的符号为φ_{ki}，代表在专家 k 评价的一系列障碍中，障碍 i 的权重排序。如果有多个障碍具有相同的权重值（排序相同），则取它们排序的平均值。例如，如果某位专家给出的 4 个障碍的权重分别为 0.2、0.2、0.1、0.3，则有

$$\varphi_{k1} = 2.5 , \quad \varphi_{k2} = 2.5 , \quad \varphi_{k3} = 1 , \quad \varphi_{k4} = 4$$

障碍 i 的偏好优先级β_i可以根据障碍排序导出，如式（5-4）所示。

$$\beta_i = \sum_{k=1}^{p} \frac{n}{\varphi_{ki}} \tag{5-4}$$

进一步标准化，可以得到障碍 i 最终的偏好优先级：

$$\beta_i = \frac{\beta_i}{\sum_{k=1}^{p} \beta_i} \tag{5-5}$$

（3）优劣解距离法整合

在上述假设的基础上，采用优劣解距离法（technique for order preference by similarity to ideal solution，TOPSIS）综合上面提到的偏好差异整合和偏好优先级整合这两个因素。TOPSIS 作为一种被广泛认可的多准则决策方法，在许多领域得到了应用（Behzadian et al.，2012）。该方法遵循的基本理念是最终被选择的备选项应该与正理想解之间的距离最短，与负理想解之间的距离最远（Chen，2000）。Huang 和 Li（2012）将该方法应用于对每位专家的判断进行整合。在本研究中，最终被选择的备选项是指循环经济系统边界障碍中最重要的障碍。此外，每位专家都会给出他们所认为的最重要障碍的权重和最不重要障碍的权重，分别代表正理想解与负理想解。TOPSIS 方法同时考虑了最佳选择和最差选择，即最重要的障碍应该接近于每位专家所认为的最重要障碍所具有的权重，也应该更远离每位专家所认为的最不重要障碍所具有的权重，而不是只考虑其中一点（Shih et al.，2007）。因此，它可以避免常见的取平均值的整合方法可能出现的问题（Huang and Li，2012）。最终得到的结果意味着，大多数专家认为某障碍应该有更高的评级，而不是更低的评级，而这样的障碍是循环经济系统边界障碍中的最重要的障碍。

首先，通过偏好差异和偏好优先级将式（5-1）中的权重矩阵 C 进行修正，得到修正矩阵 G。计算过程如式（5-6）和式（5-7）所示。

$$v_{ki} = \alpha_k \cdot c_{ki} \cdot \beta_i \tag{5-6}$$

$$G = \begin{bmatrix} v_{11} & v_{12} & \cdots & v_{1n} \\ v_{21} & v_{22} & \cdots & v_{2n} \\ \vdots & \vdots & \ddots & \vdots \\ v_{p1} & v_{p2} & \cdots & v_{pn} \end{bmatrix} \tag{5-7}$$

TOPSIS 模型中的正理想解 A_G^* 和负理想解 A_G^- 的定义如式（5-8）～式（5-11）所示。

$$v_{Gk}^* = \left\{ \max_i v_{ki} \mid i = 1, 2, \cdots, n \right\}$$ （5-8）

$$v_{Gk}^- = \left\{ \min_i v_{ki} \mid i = 1, 2, \cdots, n \right\}$$ （5-9）

$$A_G^* = \left\{ v_{G1}^*, v_{G2}^*, \cdots, v_{Gk}^*, \cdots, v_{Gp}^* \right\}$$ （5-10）

$$A_G^- = \left\{ v_{G1}^-, v_{G2}^-, \cdots, v_{Gk}^-, \cdots, v_{Gp}^- \right\}$$ （5-11）

障碍 i 距离正理想解的距离 S_{Gi}^* 和负理想解 S_{Gi}^- 的距离的计算如式（5-12）和式（5-13）所示。

$$S_{Gi}^* = \sqrt{\sum_{k=1}^p \left(v_{ki} - v_{Gk}^* \right)^2}$$ （5-12）

$$S_{Gi}^- = \sqrt{\sum_{k=1}^p \left(v_{ki} - v_{Gk}^- \right)^2}$$ （5-13）

根据 TOPSIS 方法的原理，最重要的障碍应该接近正理想解，而远离负理想解，评价公式如式（5-14）所示。

$$C_{Gi} = \frac{S_{Gi}^*}{S_{Gi}^* + S_{Gi}^-}$$ （5-14）

标准化后，为障碍 i 的权重，如式（5-15）所示。

$$C_{Gi} = \frac{C_{Gi}}{\sum_{i=1}^n C_{Gi}}$$ （5-15）

5.4 案例研究

化工行业通常广泛地涉及各种物质与能量的流动，因此在建立产业共生关系方面具有较大潜力，被认为推动循环经济系统发展的重点行业（Cervo et al.，2019；Guo et al.，2016；Yune et al.，2016；Walls and Paquin，2015；Fang et al.，2007；Baas and Boons，2004；Mirata，2004）。本书选择的案例循环经济系统是我国以化工行业为主导的循环经济系统。如第 4 章研究所述，该循环经济系统经历了一个较长的超越边界的动态演进过程。本章以该循环经济系统作为实证案例，用于验证本研究提出的循环经济系统边界障碍的评价模型。

如 5.3 所述，本书建立了循环经济系统边界障碍的层次结构。在此基础上，对案例循环经济系统中的主要企业进行了实地调研。受访者是这些企业中负责技术、财务、安全和环保的人员。所有受访者均在该循环经济系统中具有较长时间的工作经验，并熟悉循环经济系统的组成与结构、演进过程以及各个参与企业之间的产业共生关系。为充分掌握 HH 循环经济系统边界障碍的相关信息，在研究中进行了开放式的访谈与交流，并明确了 5.3 中的 7 个一级障碍因素和 23 个二级障碍因素。在此基础上，为准确评价边界障碍的重要性，选择了来自该循环经济系统的 25 位专家组成决策小组，请他们对这些障碍因素进行层次分析法所需的成对比较，具体形式是设计层次分析法所需的问卷，并发放给专家进行打分。决策专家对 HH 循环经济系统的技术、经济、政府法规和政策等许多方面有全面的了解。

5.4.1　案例 Group AHP-TOPSIS 模型的应用

5.4.1.1　AHP 模型

由决策小组中的专家对问卷中的边界障碍因素进行成对比较，根据 5.3.1 所述，可以得到每位专家给出的一级障碍权重值（表 5-4）、各一级障碍下对应的二级障碍权重值（表 5-5 和表 5-6），以及总体目标下所有二级障碍的权重值。

表 5-4　每位专家给出的一级障碍权重值

专家	B1	B2	B3	B4	B5	B6	B7
1	0.165 3	0.070 1	0.059 9	0.133 9	0.039 4	0.039 5	0.492 0
2	0.028 2	0.059 9	0.054 1	0.125 3	0.426 8	0.156 0	0.149 6
3	0.083 1	0.189 4	0.281 9	0.074 5	0.064 1	0.160 4	0.146 5
4	0.131 4	0.138 9	0.187 2	0.109 8	0.187 2	0.122 7	0.122 7

专家	B1	B2	B3	B4	B5	B6	B7
5	0.053 5	0.076 4	0.089 1	0.338 6	0.139 2	0.191 0	0.112 2
6	0.029 1	0.068 6	0.204 2	0.093 7	0.093 7	0.114 2	0.396 4
7	0.263 3	0.093 0	0.110 0	0.190 7	0.116 5	0.093 0	0.133 4
8	0.040 6	0.198 2	0.100 3	0.105 7	0.190 5	0.153 1	0.211 7
9	0.085 0	0.234 7	0.181 3	0.100 8	0.233 1	0.132 9	0.032 2
10	0.010 9	0.496 8	0.235 0	0.146 4	0.042 1	0.038 6	0.030 2
11	0.142 7	0.072 8	0.123 6	0.199 8	0.061 3	0.134 7	0.265 0
12	0.098 8	0.135 8	0.060 4	0.172 3	0.138 0	0.076 3	0.318 3
13	0.088 0	0.065 5	0.127 3	0.477 8	0.013 5	0.204 8	0.023 2
14	0.142 1	0.426 2	0.070 1	0.063 3	0.070 3	0.085 9	0.142 1
15	0.128 9	0.130 4	0.300 5	0.072 4	0.063 0	0.192 3	0.112 7
16	0.342 7	0.076 3	0.070 5	0.143 8	0.116 0	0.086 2	0.164 6
17	0.152 2	0.087 2	0.346 8	0.140 3	0.100 5	0.078 6	0.094 5
18	0.124 7	0.124 7	0.333 0	0.061 9	0.156 6	0.114 9	0.084 3
19	0.097 5	0.117 3	0.253 0	0.254 6	0.104 5	0.055 7	0.117 3
20	0.168 2	0.157 4	0.089 9	0.137 5	0.127 9	0.168 2	0.150 9
21	0.131 7	0.054 6	0.061 5	0.018 6	0.536 1	0.170 3	0.027 3
22	0.117 2	0.306 2	0.211 3	0.124 3	0.126 4	0.065 4	0.049 3
23	0.090 3	0.075 7	0.407 7	0.227 1	0.087 5	0.055 9	0.055 9
24	0.332 2	0.032 5	0.089 0	0.127 2	0.045 6	0.074 5	0.299 0
25	0.095 5	0.261 2	0.033 1	0.084 2	0.361 4	0.073 9	0.090 7

表 5-5　每位专家给出的一级障碍（B1、B2、B3）所对应的二级障碍权重值

专家	C1 (B1)	C2 (B1)	C3 (B1)	C4 (B1)	C5 (B2)	C6 (B2)	C7 (B2)	C8 (B3)	C9 (B3)	C10 (B3)	C11 (B3)
1	0.625 0	0.125 0	0.125 0	0.125 0	0.460 0	0.221 1	0.318 9	0.151 3	0.584 8	0.132 0	0.132 0
2	0.099 0	0.086 4	0.431 9	0.382 7	0.090 9	0.454 5	0.454 5	0.067 8	0.131 8	0.131 8	0.668 5
3	0.103 4	0.548 5	0.204 8	0.143 3	0.280 8	0.584 2	0.135 0	0.232 1	0.232 1	0.134 0	0.401 9
4	0.250 0	0.250 0	0.250 0	0.250 0	0.700 7	0.202 1	0.097 2	0.475 5	0.274 5	0.158 5	0.091 5
5	0.680 8	0.161 6	0.027 9	0.129 7	0.309 0	0.109 5	0.581 6	0.208 9	0.279 5	0.436 0	0.075 5
6	0.222 4	0.116 5	0.267 7	0.393 4	0.333 3	0.333 3	0.333 3	0.132 8	0.200 0	0.100 4	0.566 8
7	0.487 4	0.162 5	0.223 4	0.126 6	0.318 9	0.460 0	0.221 1	0.407 3	0.295 1	0.179 1	0.118 5
8	0.186 4	0.162 7	0.245 8	0.405 1	0.200 0	0.200 0	0.600 0	0.118 2	0.118 2	0.276 2	0.487 4

专家	C1（B1）	C2（B1）	C3（B1）	C4（B1）	C5（B2）	C6（B2）	C7（B2）	C8（B3）	C9（B3）	C10（B3）	C11（B3）
9	0.411 4	0.411 4	0.064 1	0.113 1	0.584 2	0.135 0	0.280 8	0.375 0	0.375 0	0.125 0	0.125 0
10	0.208 7	0.642 8	0.051 2	0.097 2	0.098 0	0.019 6	0.882 4	0.146 1	0.257 5	0.066 5	0.530 0
11	0.060 7	0.546 7	0.142 0	0.250 6	0.142 9	0.142 9	0.714 3	0.197 6	0.222 4	0.125 8	0.454 2
12	0.118 2	0.185 1	0.136 2	0.560 5	0.480 6	0.405 4	0.114 0	0.189 8	0.150 2	0.120 5	0.539 5
13	0.073 9	0.661 5	0.114 3	0.150 3	0.200 0	0.200 0	0.600 0	0.663 1	0.026 5	0.092 5	0.217 9
14	0.100 0	0.300 0	0.300 0	0.300 0	0.600 0	0.200 0	0.200 0	0.250 0	0.250 0	0.250 0	0.250 0
15	0.185 0	0.222 9	0.336 8	0.255 3	0.428 6	0.428 6	0.142 9	0.255 9	0.137 5	0.516 0	0.090 6
16	0.014 1	0.095 9	0.787 8	0.102 2	0.258 3	0.637 0	0.104 7	0.232 1	0.401 9	0.232 1	0.134 0
17	0.042 0	0.333 3	0.312 4	0.312 4	0.714 3	0.142 9	0.142 9	0.393 6	0.437 3	0.046 6	0.122 5
18	0.250 0	0.250 0	0.250 0	0.250 0	0.454 5	0.454 5	0.090 9	0.359 8	0.430 9	0.151 6	0.057 7
19	0.141 4	0.531 1	0.236 9	0.090 6	0.200 0	0.200 0	0.600 0	0.207 2	0.321 0	0.075 4	0.396 5
20	0.405 1	0.245 8	0.186 4	0.162 7	0.200 0	0.600 0	0.200 0	0.250 0	0.250 0	0.250 0	0.250 0
21	0.563 1	0.142 8	0.088 0	0.206 1	0.090 9	0.454 5	0.454 5	0.212 7	0.028 6	0.099 2	0.659 5
22	0.208 5	0.487 4	0.208 5	0.095 6	0.637 0	0.104 7	0.258 3	0.262 6	0.115 2	0.522 5	0.098 8
23	0.102 6	0.102 6	0.397 4	0.397 4	0.200 0	0.200 0	0.600 0	0.282 0	0.424 6	0.080 2	0.213 2
24	0.037 4	0.560 3	0.145 5	0.256 8	0.076 9	0.692 3	0.230 8	0.148 4	0.079 7	0.472 7	0.299 2
25	0.083 3	0.750 0	0.083 3	0.083 3	0.658 6	0.185 2	0.156 2	0.091 7	0.066 5	0.121 0	0.720 8

表 5-6　每位专家给出的一级障碍（B4、B5、B6、B7）所对应的二级障碍权重值

专家	C12（B4）	C13（B4）	C14（B4）	C15（B4）	C16（B4）	C17（B5）	C18（B5）	C19（B6）	C20（B6）	C21（B6）	C22（B7）	C23（B7）
1	0.071 6	0.377 9	0.374 6	0.117 8	0.058 1	0.500 0	0.500 0	0.200 0	0.600 0	0.200 0	0.500 0	0.500 0
2	0.068 7	0.068 6	0.600 9	0.083 0	0.178 9	0.500 0	0.500 0	0.114 0	0.480 6	0.405 4	0.500 0	0.500 0
3	0.355 3	0.212 2	0.212 2	0.061 8	0.158 5	0.750 0	0.250 0	0.333 3	0.333 3	0.333 3	0.166 7	0.833 3
4	0.030 5	0.086 0	0.437 0	0.223 2	0.223 2	0.833 3	0.166 7	0.428 6	0.428 6	0.142 9	0.500 0	0.500 0
5	0.069 6	0.090 2	0.420 3	0.155 9	0.264 0	0.750 0	0.250 0	0.221 1	0.318 9	0.460 0	0.500 0	0.500 0
6	0.267 6	0.309 7	0.267 6	0.110 0	0.045 1	0.500 0	0.500 0	0.584 2	0.280 8	0.135 0	0.750 0	0.250 0
7	0.169 0	0.095 5	0.146 1	0.187 5	0.402 0	0.750 0	0.250 0	0.142 9	0.428 6	0.428 6	0.250 0	0.750 0
8	0.105 8	0.105 8	0.105 8	0.263 1	0.419 5	0.500 0	0.500 0	0.142 9	0.428 6	0.428 6	0.500 0	0.500 0
9	0.596 6	0.030 3	0.174 2	0.082 0	0.116 9	0.500 0	0.500 0	0.460 0	0.318 9	0.221 1	0.500 0	0.500 0
10	0.141 2	0.388 2	0.092 5	0.341 7	0.036 5	0.250 0	0.750 0	0.076 9	0.230 8	0.692 3	0.500 0	0.500 0
11	0.074 3	0.269 0	0.269 0	0.118 5	0.269 0	0.250 0	0.750 0	0.142 9	0.428 6	0.428 6	0.500 0	0.500 0

专家	C12 (B4)	C13 (B4)	C14 (B4)	C15 (B4)	C16 (B4)	C17 (B5)	C18 (B5)	C19 (B6)	C20 (B6)	C21 (B6)	C22 (B7)	C23 (B7)
12	0.062 5	0.211 1	0.298 7	0.054 7	0.373 0	0.500 0	0.500 0	0.135 0	0.280 8	0.584 2	0.250 0	0.750 0
13	0.076 9	0.234 7	0.129 6	0.048 4	0.510 4	0.250 0	0.750 0	0.142 9	0.142 9	0.714 3	0.500 0	0.500 0
14	0.230 0	0.158 7	0.151 4	0.230 0	0.230 0	0.500 0	0.500 0	0.333 3	0.333 3	0.333 3	0.500 0	0.500 0
15	0.143 9	0.174 7	0.309 8	0.086 5	0.285 0	0.500 0	0.500 0	0.460 0	0.318 9	0.221 1	0.750 0	0.250 0
16	0.193 9	0.072 8	0.072 8	0.193 9	0.466 5	0.500 0	0.500 0	0.200 0	0.600 0	0.200 0	0.250 0	0.750 0
17	0.200 0	0.200 0	0.200 0	0.200 0	0.200 0	0.750 0	0.250 0	0.333 3	0.333 3	0.333 3	0.250 0	0.750 0
18	0.076 9	0.230 8	0.230 8	0.230 8	0.230 8	0.833 3	0.166 7	0.135 0	0.280 8	0.584 2	0.500 0	0.500 0
19	0.074 3	0.184 9	0.294 8	0.223 0	0.223 0	0.500 0	0.500 0	0.333 3	0.333 3	0.333 3	0.500 0	0.500 0
20	0.150 8	0.363 5	0.273 6	0.106 1	0.106 1	0.500 0	0.500 0	0.333 3	0.333 3	0.333 3	0.500 0	0.500 0
21	0.058 9	0.143 0	0.124 5	0.620 5	0.053 1	0.875 0	0.125 0	0.714 7	0.218 5	0.066 8	0.500 0	0.500 0
22	0.200 0	0.200 0	0.200 0	0.200 0	0.200 0	0.500 0	0.500 0	0.333 3	0.333 3	0.333 3	0.500 0	0.500 0
23	0.111 8	0.176 7	0.399 5	0.227 9	0.084 2	0.500 0	0.500 0	0.333 3	0.333 3	0.333 3	0.500 0	0.500 0
24	0.114 9	0.175 0	0.385 9	0.095 2	0.229 0	0.500 0	0.500 0	0.221 1	0.318 9	0.460 0	0.250 0	0.750 0
25	0.015 5	0.095 8	0.081 1	0.011 4	0.796 3	0.500 0	0.500 0	0.333 3	0.333 3	0.333 3	0.500 0	0.500 0

5.4.1.2 Group TOPSIS Decision 模型

根据 5.3.2.2，采用 Group TOPSIS Decision 模型对层次分析法（AHP）得到的结果进行整合，包括 3 个步骤（偏好差异整合、偏好优先级整合、TOPSIS 整合），这些中间步骤的结果如下所示。其中，表 5-7 为不同专家的偏好差异结果，通过式（5-3）得到；表 5-8 为不同障碍的偏好优先级结果，通过式（5-5）得到。

表 5-7 偏好差异的计算结果

专家	α_k 总目标	α_k B1	α_k B2	α_k B3	α_k B4	α_k B5	α_k B6	α_k B7
1	0.058 1	0.048 4	0.022 1	0.044 6	0.049 9	0.000 0	0.062 0	0.000 0
2	0.051 4	0.042 6	0.033 7	0.058 4	0.062 2	0.000 0	0.056 9	0.000 0
3	0.033 1	0.045 1	0.041 7	0.026 0	0.033 9	0.089 6	0.000 0	0.160 0
4	0.013 0	0.000 0	0.056 0	0.041 1	0.050 3	0.119 4	0.044 3	0.000 0
5	0.039 1	0.064 2	0.043 8	0.037 3	0.046 3	0.089 6	0.037 0	0.000 0

专家	α_k 总目标	α_k B1	α_k B2	α_k B3	α_k B4	α_k B5	α_k B6	α_k B7
6	0.048 1	0.028 3	0.000 0	0.047 5	0.036 4	0.000 0	0.069 7	0.120 0
7	0.025 2	0.036 9	0.022 1	0.031 8	0.034 6	0.089 6	0.044 3	0.120 0
8	0.027 4	0.025 4	0.037 1	0.041 0	0.041 6	0.000 0	0.044 3	0.000 0
9	0.034 0	0.043 2	0.041 7	0.032 4	0.064 9	0.000 0	0.037 0	0.000 0
10	0.068 1	0.060 9	0.080 0	0.048 7	0.050 4	0.089 6	0.095 5	0.000 0
11	0.030 5	0.050 5	0.053 0	0.032 7	0.028 6	0.089 6	0.044 3	0.000 0
12	0.034 7	0.044 4	0.034 0	0.042 0	0.046 2	0.000 0	0.069 7	0.120 0
13	0.062 7	0.058 0	0.037 1	0.066 0	0.057 3	0.089 6	0.088 6	0.000 0
14	0.045 0	0.019 4	0.037 1	0.000 0	0.012 1	0.000 0	0.000 0	0.000 0
15	0.033 5	0.015 7	0.026 5	0.045 2	0.031 1	0.000 0	0.037 0	0.120 0
16	0.036 3	0.075 1	0.049 4	0.026 0	0.048 1	0.000 0	0.062 0	0.120 0
17	0.033 8	0.028 2	0.053 0	0.046 8	0.000 0	0.089 6	0.000 0	0.120 0
18	0.033 4	0.000 0	0.033 7	0.043 0	0.016 3	0.119 4	0.069 7	0.000 0
19	0.031 7	0.045 7	0.037 1	0.034 9	0.025 4	0.000 0	0.000 0	0.000 0
20	0.011 6	0.025 4	0.037 1	0.000 0	0.036 1	0.000 0	0.000 0	0.000 0
21	0.066 1	0.048 0	0.033 7	0.065 0	0.064 5	0.134 3	0.100 5	0.000 0
22	0.037 0	0.037 9	0.049 4	0.046 0	0.000 0	0.000 0	0.000 0	0.000 0
23	0.048 7	0.038 0	0.037 1	0.035 7	0.039 5	0.000 0	0.000 0	0.000 0
24	0.050 3	0.054 2	0.057 1	0.043 1	0.036 8	0.000 0	0.037 0	0.120 0
25	0.047 3	0.064 5	0.046 6	0.064 6	0.087 4	0.000 0	0.000 0	0.000 0

表 5-8　偏好优先级的计算结果

总目标	β_i	B1	β_i	B2	β_i	B3	β_i	B4	β_i	B5	β_i	B6	β_i	B7	β_i
B1	0.137	C1	0.224	C5	0.367	C8	0.233	C12	0.152	C17	0.529	C19	0.290	C22	0.471
B2	0.147	C2	0.312	C6	0.302	C9	0.266	C13	0.201	C18	0.471	C20	0.287	C23	0.529
B3	0.170	C3	0.240	C7	0.331	C10	0.219	C14	0.244	—	—	C21	0.423	—	—
B4	0.140	C4	0.224	—	—	C11	0.282	C15	0.165	—	—	—	—	—	—
B5	0.135	—	—	—	—	—	—	C16	0.239	—	—	—	—	—	—
B6	0.115	—	—	—	—	—	—	—	—	—	—	—	—	—	—
B7	0.156	—	—	—	—	—	—	—	—	—	—	—	—	—	—

最终，通过 TOPSIS 整合，可得到循环经济系统边界障碍重要程度的定量结果，包括一级障碍的权重值（表 5-9 和图 5-3）、各一级障碍对应的二级障碍权重值（表 5-10），以及总体目标下所有二级障碍的权重值（表 5-10 和图 5-4）。

表 5-9　一级障碍的权重与排序

一级障碍	权重	权重百分比/%	排序
（B1）政府障碍	0.101 8	10.18	6
（B2）经济障碍	0.169 1	16.91	2
（B3）技术障碍	0.173 2	17.32	1
（B4）组织障碍	0.154 4	15.44	5
（B5）信息障碍	0.161 8	16.18	4
（B6）认知和动机障碍	0.074 0	7.40	7
（B7）安全障碍	0.165 7	16.57	3

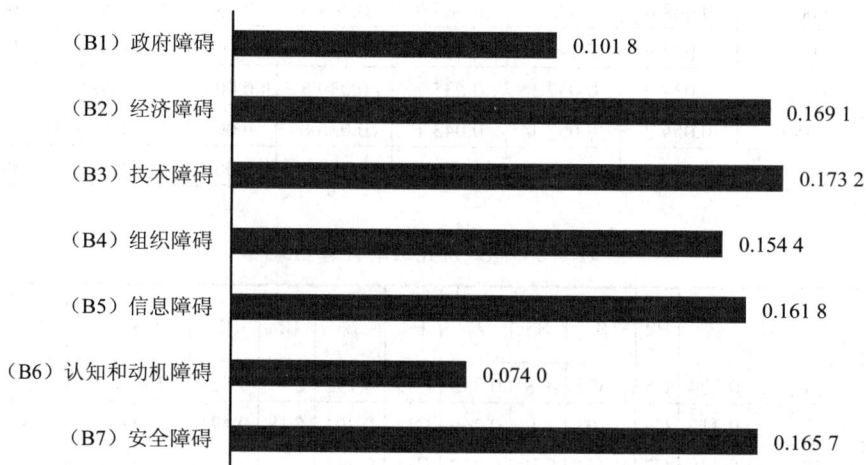

图 5-3　一级障碍的权重与排序

表 5-10　二级障碍的权重与排序

一级障碍	二级障碍	权重/%	排序	总体权重/%	总体排序
（B1） 政府障碍	（C1）管理体制障碍	20.38	3	2.07	19
	（C2）政策障碍	42.34	1	4.31	8
	（C3）推动产业共生的法律法规障碍	23.50	2	2.39	16
	（C4）法律法规的约束障碍	13.79	4	1.40	23
（B2） 经济障碍	（C5）生产成本障碍	36.19	2	6.12	5
	（C6）投资障碍	23.88	3	4.04	10
	（C7）产品附加值障碍	39.93	1	6.75	4
（B3） 技术障碍	（C8）回收技术障碍	23.22	2	4.02	11
	（C9）资源化技术障碍	20.29	3	3.51	14
	（C10）识别和评估产业共生的技术障碍	14.61	4	2.53	15
	（C11）产业链延伸技术障碍	41.88	1	7.25	3
（B4） 组织障碍	（C12）组织文化障碍	11.43	5	1.77	21
	（C13）缺少核心企业带动障碍	14.06	3	2.17	17
	（C14）缺乏关键领导人推动障碍	25.06	2	3.87	13
	（C15）协调作用障碍	13.61	4	2.10	18
	（C16）与政府的沟通障碍	35.83	1	5.53	6
（B5） 信息障碍	（C17）信息平台障碍	73.59	1	11.91	1
	（C18）信息交换障碍	26.41	2	4.27	9
（B6） 认知和动机 障碍	（C19）认知障碍	24.82	2	1.84	20
	（C20）信任和合作障碍	22.07	3	1.63	22
	（C21）交流障碍	53.11	1	3.93	12
（B7） 安全障碍	（C22）生态安全障碍	28.40	2	4.70	7
	（C23）人的安全障碍	71.60	1	11.86	2

（C19）认知障碍

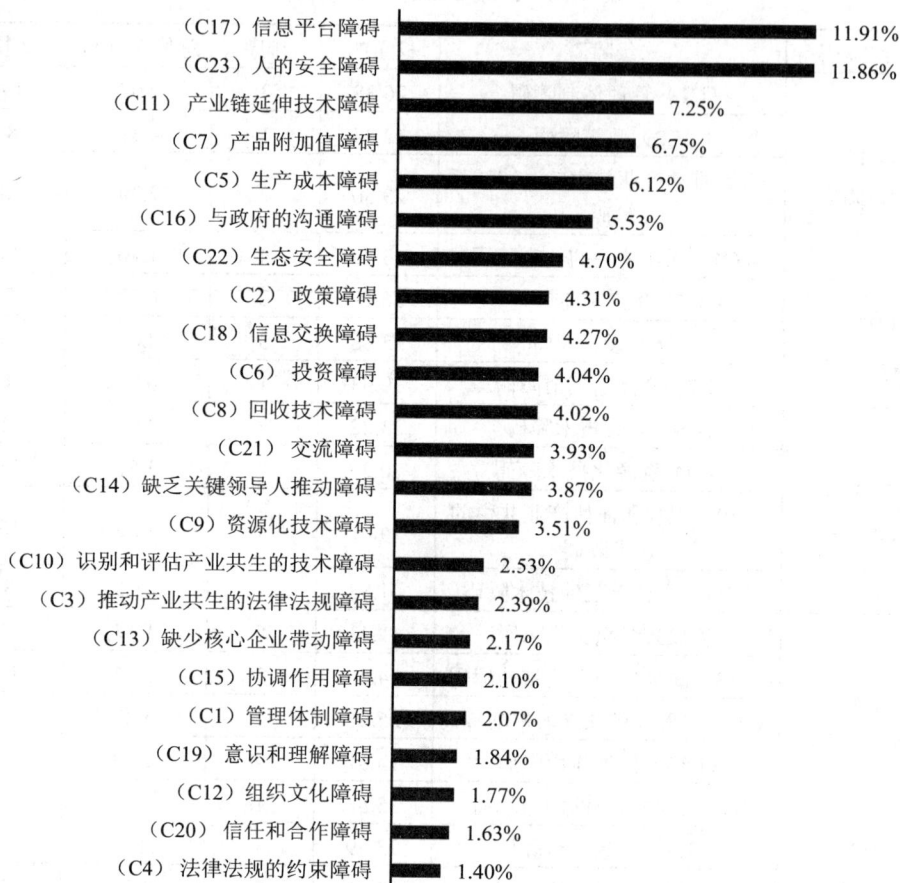

（C17）信息平台障碍	11.91%
（C23）人的安全障碍	11.86%
（C11）产业链延伸技术障碍	7.25%
（C7）产品附加值障碍	6.75%
（C5）生产成本障碍	6.12%
（C16）与政府的沟通障碍	5.53%
（C22）生态安全障碍	4.70%
（C2）政策障碍	4.31%
（C18）信息交换障碍	4.27%
（C6）投资障碍	4.04%
（C8）回收技术障碍	4.02%
（C21）交流障碍	3.93%
（C14）缺乏关键领导人推动障碍	3.87%
（C9）资源化技术障碍	3.51%
（C10）识别和评估产业共生的技术障碍	2.53%
（C3）推动产业共生的法律法规障碍	2.39%
（C13）缺少核心企业带动障碍	2.17%
（C15）协调作用障碍	2.10%
（C1）管理体制障碍	2.07%
（C19）意识和理解障碍	1.84%
（C12）组织文化障碍	1.77%
（C20）信任和合作障碍	1.63%
（C4）法律法规的约束障碍	1.40%

图 5-4　二级障碍的权重与排序

5.4.2　结果讨论

模型的最终结果如图表所示，包括一级障碍的权重值（表 5-9 和图 5-3）、各一级障碍所对应的二级障碍权重值（表 5-10），以及总体目标下所有二级障碍的权重值（表 5-10 和图 5-4）。

5.4.2.1 偏好差异和偏好优先级对结果的影响

为了分析偏好差异和偏好优先级对结果的影响，可以以一级障碍为例。在图 5-5 中，第 1 列代表专家的序号，第 2 列～第 8 列代表一级障碍的权重，即每位专家给出的各个障碍的权重，第 9 列代表专家的偏好差异。如前文所述，如果专家不能够或者没有兴趣果断地区分这些障碍，则专家会给所有的选项相近的权重（Huang and Li，2012）。图 5-5 中，4 号专家和 20 号专家所对应的结果意味着他们的偏好差异更小。

专家	政府障碍 (B1)	经济障碍 (B2)	技术障碍 (B3)	组织障碍 (B4)	信息障碍 (B5)	认知和动机障碍 (B6)	安全障碍 (B7)	偏好差异
1	16.53%	7.01%	5.99%	13.39%	3.94%	3.95%	49.20%	0.0581
2	2.82%	5.99%	5.41%	12.53%	42.68%	15.60%	14.96%	0.0514
3	8.31%	18.94%	28.19%	7.45%	6.41%	16.04%	14.65%	0.0331
4	13.14%	13.89%	18.72%	10.98%	18.72%	12.27%	12.27%	0.013
5	5.35%	7.64%	8.91%	33.86%	13.92%	19.10%	11.22%	0.0391
6	2.91%	6.86%	20.42%	9.37%	9.37%	11.42%	39.64%	0.0481
7	26.33%	9.30%	11.00%	19.07%	11.65%	9.30%	13.34%	0.0252
8	4.06%	19.82%	10.03%	10.57%	19.05%	15.31%	21.17%	0.0274
9	8.50%	23.47%	18.13%	10.08%	23.31%	13.29%	3.22%	0.034
10	1.09%	49.68%	23.50%	14.64%	4.21%	3.86%	3.02%	0.0681
11	14.27%	7.28%	12.36%	19.98%	6.13%	13.47%	26.50%	0.0305
12	9.88%	13.58%	6.04%	17.23%	13.80%	7.63%	31.83%	0.0347
13	8.80%	6.55%	12.73%	47.78%	1.35%	20.48%	2.32%	0.0627
14	14.21%	42.62%	7.01%	6.33%	7.03%	8.59%	14.21%	0.045
15	12.89%	13.04%	30.05%	7.24%	6.30%	19.23%	11.27%	0.0335
16	34.27%	7.63%	7.05%	14.38%	11.60%	8.62%	16.46%	0.0363
17	15.22%	8.72%	34.68%	14.03%	10.05%	7.86%	9.45%	0.0338
18	12.47%	12.47%	33.30%	6.19%	15.66%	11.49%	8.43%	0.0334
19	9.75%	11.73%	25.30%	25.46%	10.45%	5.57%	11.73%	0.0116
20	16.82%	15.74%	8.99%	13.75%	12.79%	16.82%	15.09%	0.0116
21	13.17%	5.46%	6.15%	1.86%	53.61%	17.03%	2.73%	0.0661
22	11.72%	30.62%	21.13%	12.43%	12.64%	6.54%	4.93%	0.037
23	9.03%	7.57%	40.77%	22.71%	8.75%	5.59%	5.59%	0.0487
24	33.22%	3.25%	8.90%	12.72%	4.56%	7.45%	29.90%	0.0503
25	9.55%	26.12%	3.31%	8.42%	36.14%	7.39%	9.07%	0.0473

图 5-5 一级障碍下每位专家的偏好差异分析结果示意图

Huang 等（2009）指出，在群体中，具有较大偏好差异的个体比具有较小偏好差异的个体应该更具有影响力，因为偏好差异较大的个体会为自己的选择而坚持，而其他成员可能因为对所有选择的看法相似而不那么坚持。Basak 和 Saaty（1993）指出，在任何理性的共识中，知道更多或者更有兴趣的人应该在结果中更具有影响力。因此，具有更大偏好差异的专家会在结果中占更大比重。对于那些给所有障碍相近权重的专家，他们的偏好差异较小。由此可以认为，他们对这个问题不是很了解，或者没有兴趣。在一级障碍的评价中，由图 5-5 可知，只有 4 号专家和 20 号专家的偏好差异比较小。这是因为，本研究选择的专家大多是对循环经济系统有一定了解的专家，只有极少数专家对于一级障碍的评价显示出较低的兴趣。由此可见，通过使用偏好差异，有助于增大障碍评价的差异性，突出那些真正重要的障碍因素，从而使评价结果更具有辨识度。

对于偏好优先级的情况，如表 5-11 所示，第 2～7 列中所对应的 2～8 行的数字为某个障碍的权重排序在某个标准下的人数。例如，第 2 列第 3 行的 6 表示有 6 位专家的结果中，政府障碍的排序在第 1 位或第 2 位。最后一行代表了某个一级障碍的偏好优先级结果。可以发现，对于 B3、B7 和 B2，较多人把它们列为比较重要的障碍（排序靠前的人数比较多），他们的偏好优先级也分别位于第 1 位、第 2 位和第 3 位。因此，B3、B7 和 B2 应该更加受到关注，这些障碍更为重要，在结果中相较于不考虑偏好优先级的权重更高一些。使用偏好优先级有利于强调排序更靠前的障碍要比排序靠后的障碍重要得多（Inti and Tandon，2017；Huang and Li，2012）。因此，偏好优先级可以帮助模型更好地识别那些更重要的障碍。

表 5-11 一级障碍下，不同障碍偏好优先级的结果

标准*	政府障碍（B1）	经济障碍（B2）	技术障碍（B3）	组织障碍（B4）	信息障碍（B5）	认知和动机障碍（B6）	安全障碍（B7）
≤1	3	4	6	3	4	1	5
≤2	6	7	10	7	6	6	8
≤3	12	12	12	12	10	8	11
≤4	15	14	14	15	16	12	15
≤5	18	18	18	19	18	17	18
≤6	20	23	21	21	20	23	23
≤7	25	25	25	25	25	25	25
偏好优先级	0.137	0.147	0.17	0.14	0.135	0.115	0.156

注：* 标准是指有多少位专家把 B1～B7 这些障碍的排序排在前 1（≤1），前 2（≤2）……

综上所述，通过偏好差异和偏好优先级的修正，可以将不同障碍的权重值更明显地区分开，具有更高的辨识度。同时，也有利于模型更好地识别那些更重要的障碍。对此可对比模型得到一级障碍的结果（图 5-3）与算术平均值（AM）的结果（图 5-6）。通过对比发现，在考虑偏好差异和偏好优先级后，不同障碍权重之间的区分度变大。同时，B3、B7、B2 的权重值（0.173 2、0.165 7、0.169 1）相比采用 AM 的结果更大（0.163 2、0.152 9、0.150 0）。这表明该模型有助于帮助识别出循环经济系统边界障碍中更重要的障碍。

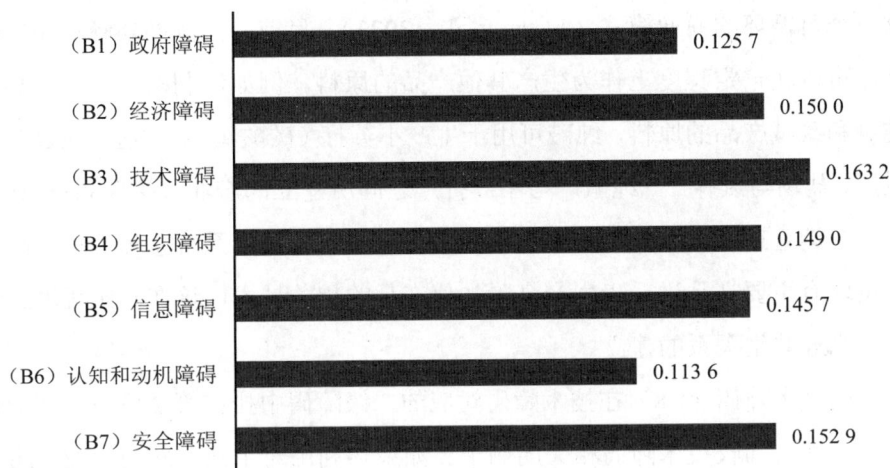

	权重值
（B1）政府障碍	0.125 7
（B2）经济障碍	0.150 0
（B3）技术障碍	0.163 2
（B4）组织障碍	0.149 0
（B5）信息障碍	0.145 7
（B6）认知和动机障碍	0.113 6
（B7）安全障碍	0.152 9

图 5-6　层次分析法后采用算术平均值整合不同专家判断的结果

5.4.2.2　障碍分析

（1）技术障碍（B3）

技术对于产业共生关系的建立具有非常重要的作用（Park et al.，2008；Van Beers et al.，2007；Korhonen，2001）。技术障碍通常被认为是制约企业建立循环经济系统的主要障碍之一（Kirchherr et al.，2018；Ritzén and Sandström，2017）。从图 5-3 和表 5-9 中可以看出，技术障碍（B3）在所有一级障碍中排在第 1 位，具有最高的权重。这意味着，技术障碍是案例循环经济系统最重要的边界障碍，应该对其进行管理控制或者消除。Zhu 等（2015）研究发现，技术障碍也是推动园区循环经济系统发展中最普遍的障碍。

从表 5-10 中可以看出，技术障碍（B3）所对应的二级障碍的排序为产业链延伸技术障碍（C11）＞回收技术障碍（C8）＞资源化技术障碍（C9）＞识别和评估产业共生的技术障碍（C10）。其中，C11 明显高于 C8～C10，应优先对其进行管理控制或消除。一些研究者提出，实施产业生态和循环经济战略的化工园区应尽可能延伸化工原料的价值链（Yune et al.，2016；Cao et al.，2009），这将有助于建立一个可循环的商业模式（Jesus et al.，2023）。目前，案例循环经济系统的主要产品可以在一定程度上作为生产其他产品的原料。例如，制盐厂提供的盐是生产纯碱和氯碱产品的原料，纯碱可用于生产小苏打（碳酸氢钠），这样通过盐场与纯碱厂、盐场与氯碱厂、纯碱厂与小苏打厂之间所建立的产业共生关系得以体现。然而，在调查过程中，有一些受访者指出，案例循环经济系统总体上仍然缺乏能够利用现有主要产品进一步生产高附加值产品的相关技术，这在一定程度上制约了新的产业共生关系的建立。

回收技术障碍（C8）在技术障碍对应的二级障碍中排在第 2 位。一些受访者提到了一些与回收技术障碍相关的例子。如余热利用对于建立新的产业共生关系通常具有很大的潜力。在 HH 循环经济系统中，纯碱厂生产过程中产生大量的蒸氨废液，其中含有大量余热。然而，目前尚未有合适的技术来实现对这些余热的高效回收利用，这也制约了围绕余热利用的新的产业共生关系的建立。资源化技术障碍（C9）的权重小于回收技术障碍，但与回收技术障碍非常接近。资源化技术有利于建立新的产业共生关系（Guo et al.，2016），并且往往是建立承担分解者功能的企业的关键（Liu and Côté，2015；Reijnders，2007；Korhonen，2001）。由于分解者企业能够有效利用其他企业的废弃物（Geng and Côté，2002；Côté，2000），因此通常是循环经济系统的关键组成（Liu and Côté，2017）。然而，资源化通常是一个技术密集型的过程（Jaeger and Upadhyay，2019）。通过实地调研发现，目前案例循环经济系统中最重要的资源化技术障碍是缺乏能够充分利用碱渣的技术，而碱渣是纯碱厂的主要固废。因此，缺乏该类技术会制约纯碱厂和那些分解者企业建立新的产业共生关系，从而使碱渣难以得到有效利用。识别和评估产业共生的技术障碍（C10）在这些二级障碍中权重最小，评估技术有助于识别和评估潜在的新的产业共生机会（Sakr et al.，2011）。一些受访者指出，信息技术应在将来识别和评估潜在产业共生机会方面发挥更重要的作用。

（2）经济障碍（B2）

经济障碍（B2）的权重是 0.169 1，在所有一级障碍中排在第 2 位，非常接近技术障碍（B3，0.173 2）。这表明经济障碍是案例循环经济系统一个非常重要的边界障碍。在 B2 所对应的所有二级障碍中，障碍权重的排序为 C7＞C5＞C6，这表明产品附加值障碍（C7）在经济障碍中的重要程度最高，在管理或者消除经济障碍（B2）的过程中应该给予最多的重视。产品附加值障碍意味着如果新建立的产业共生关系很难实现产品附加值的提升，这将阻碍该产业共生关系的建立。对于化工园区而言，在推动循环经济系统发展的过程中，应鼓励通过价值链的延伸来实现化工原料的附加值的提升（Yune et al.，2016）。一些受访者指出，目前 HH 集团的主要产品之一纯碱已被作为进一步生产碳酸氢钠的原料。然而，碳酸氢钠的附加值仍有待提高。由此可见，虽然将纯碱用于生产碳酸氢钠能够进一步延伸产业链，但较低的产品附加值会阻碍新的产业共生关系的建立。

生产成本障碍（C5）的权重是 0.361 9，低于产品附加值障碍（C7，0.399 3），但两者非常接近。此外，两者都远远高于投资障碍（C6）。这意味着生产成本障碍（C5）和产品附加值障碍（C7）都是消除经济障碍（B5）时需要解决的重要障碍。分解者企业对实现废弃物有效利用发挥重要作用（Walls and Paquin，2015）。然而，许多废弃物的再利用往往很难实现，因为这将导致高昂的生产成本。因此，政府应提供财政补贴，以确保废弃物利用具有经济可行性（Kirchherr et al.，2018）。在调研过程中，许多受访者指出，氯化钙厂和硫酸钾厂作为该循环经济系统的两个关键分解者企业，分别以纯碱厂产生的蒸氨废液和盐场产生的苦卤为原料。然而，这往往导致两家企业的生产成本相对较高。尤其是氯化钙厂，近年来，由于其生产成本高于以废酸为原料生产氯化钙的企业，一直面临激烈的市场竞争。因此，受访者认为氯化钙厂这样的分解企业的建立和运营对于整个循环经济系统的稳定运行发挥着至关重要的作用；然而，由此带来的更高的生产成本将限制其他具有分解功能的企业建立新的产业共生关系。

（3）安全障碍（B7）

安全障碍（B7）的权重是 0.165 7，低于经济障碍（B2）的权重 0.169 1，但两者非常接近。这意味着安全障碍也是 HH 循环经济系统重要的边界障碍，应予以重视。化工园区通常会面临安全问题的挑战（Yune et al.，2016；Reniers et al.，2009）。对人类健康和生态环境的潜在风险应成为化工园区实施循环经济战略时考虑的重要问题（Yune et al.，2016）。从表 5-10 中可以看出，在安全障碍（B7）所涵盖的二级障碍中，人的安全障碍（C23）的权重是 0.716 0，高于生态安全障碍（C22）的权重 0.284 0。这表明在案例循环经济系统当前的发展中，人的安全和健康应作为建立新的产业共生关系时首要考虑的因素之一。在调研中，一些受访者强调，由于该循环经济系统以化工行业为主，在系统超越边界，建立新的产业共生关系时，需要充分考虑潜在的安全问题。

一些学者指出，应对建立产业共生关系可能产生的生态环境及人类健康问题开展深入研究（Salmi et al.，2012；Chertow，2007）。在当前的产业生态与循环经济领域，很少有文章对产业共生关系与安全问题之间的关系进行深入分析。从本研究结果中可以发现，安全障碍对于案例循环经济系统非常重要，这进一步证实了 Chertow（2007）和 Salmi 等（2012）的观点，表明安全问题（包括人类安全和健康、生态安全）与循环经济系统的关系是一个有待深入研究的重要课题。虽然该发现与本研究所选取的化工行业为主导的案例有关，但实际上许多产业共生关系的建立都会涉及化工企业或化学制品。因此，当循环经济系统建立超越边界的产业共生关系时，安全障碍也必然需要考虑。

（4）信息障碍（B5）

信息障碍（B5）的权重为 0.161 8，在所有一级障碍中排在第 4 位。在信息障碍所对应的二级障碍中，信息平台障碍（C17）的权重为 0.753 9，远高于信息交换障碍（C18，0.264 1）。这表明信息平台障碍（C17）是信息障碍（B5）中最重要的二级障碍。Mirata（2004）认为，对于循环经济系统而言，信息支持必须是一个持续的过程，因为这既有助于已有循环经济系统的运行，又可以帮助建立新的产业共生关系，从而实现超越已有循环经济系统的边界。Golev 等（2015）研究发现，即使对于那些已经建立产业共生关系的企业，也不容易获得用于发现潜在新的产业共生关系的信息。许多研究者指出，建立信息平台对于循环经济系统至关重要（Yeo et al.，2019；Fraccascia and Yazan，2018；Guo et al.，2016；Heeres et al.，2004），这将有助于实现信息传播（Yeo et al.，2019）、信息共享和加强沟通（Geng et al.，2016），以及发现潜在的建立新的产业共生关系的机会（Yeo et al.，2019）。在案例循环经济系统中，很多受访者指出，在信息方面虽然 HH 集团已经建立了各种信息系统，但目前还没有一个专门的循环经济系统信息平台。在本研究中，这成为信息障碍中的主要二级障碍。因此，需要建立一个在线收集信息的循环经济系统信息平台。此外，在信息交换方面，有受访者提到，信息交换的形式应该进一步扩展，例如，鼓励普通员工发现并提出潜在的新的产业共生关系。

Golev 等（2015）在对澳大利亚 Gladstone 循环经济系统的研究中发现，信息障碍是 7 类障碍中最重要的障碍。在本研究中，从图 5-4 可以发现，在所有的 23 个二级障碍中，信息平台障碍（C17）排在第 1 位；但作为一级障碍的信息障碍（B5）在 7 类一级障碍中排名第 4。这表明相对于 Gladstone，案例循环经济系统的信息障碍程度并不是特别严重。这应与案例循环经济系统的组织形式有关。在该循环经济系统中，所有系统的成员企业都隶属于 HH 集团。作为这些企业的母公司，HH 集团可以在所有企业之间的信息共享过程中发挥积极作用。然而，将信息障碍（B5，0.161 8）与排名第 3、第 2、第 1 的安全障碍（B7，0.165 7）、经济障碍（B2，0.169 1）、技术障碍（B3，0.173 2）相比可以发现，它们的权重非常接近。这表明信息障碍也可被认为一个重要的障碍。

综上所述，本研究发现信息平台障碍（C17）是 HH 循环经济系统最重要的二级障碍。许多研究者指出，循环经济系统经常面临因信息障碍带来的不利影响（Yazan and Fraccascia，2018；Aid et al.，2017；Golev et al.，2015；Sakr et al.，2011），并强调信息平台对于循环经济系统的重要性（Yeo et al.，2019；Guo et al.，2016；Heeres et al.，2004）。因此，本研究进一步验证了上述文献的观点，并定量揭示了信息障碍在制约循环经济系统超越边界方面的程度。

（5）组织障碍（B4）

组织障碍（B4）的权重为 0.154 4，在所有一级障碍中排在第 5 位。从表 5-10 可以看出，组织障碍（B4）所包含的二级障碍的排序为与政府的沟通障碍（C16）＞缺乏关键领导人推动障碍（C14）＞缺少核心企业带动障碍（C13）＞协调作用障碍（C15）＞组织文化障碍（C12）。

与政府的沟通障碍（C16）在组织障碍对应的二级障碍中排在第 1 位。循环经济系统的发展需要政府、行业和利益相关者之间开展积极的交流和沟通（Walls and Paquin，2015；Alfaro and Miller，2014；Costa and Ferrão，2010）。通过调研发现，HH 集团作为创建循环经济系统的组织者，在与当地政府（园区管理委员会）的交流沟通方面还需要进一步加强。例如，有受访者提到，HH 集团需要及时与当地园区管委会围绕循环经济系统发展所面临的挑战进行交流，并寻求政府可能提供的帮助。这一发现证实了 Mirata（2004）的观点，即沟通行动的范围不应仅局限于参与循环经济系统的企业，还应增加企业与政府之间交流反馈的渠道。

缺乏关键领导人推动障碍（C14）在组织障碍（B4）下的权重为 0.250 6，排在第 2 位。一些学者使用 "champions" 一词来形容循环经济系统中的关键行动者。这些关键行动者在推动循环经济系统的发展方面具有较高的能力（Sakr et al.，2011；Baas and Huisingh，2008；Hewes and Lyons，2008；Mirata，2004），在组织变革中发挥着关键作用（Agyemang et al.，2019；Geng and Doberstein，2008）。在循环经济系统超越边界的演进的过程中，HH 集团的领导者常常发挥 champions

的角色,为循环经济系统的演进发挥重要的推动作用。当这些早期的领导者退休后,HH 集团在之前形成的循环经济相关文化的基础上继续实施了相关的发展规划。例如,HH 集团在被中国海油集团收购后提出、制定并实施石油化工和盐化工一体化的发展战略。但集团高层需进一步加强对循环经济系统发展的推动作用。

缺少核心企业带动障碍(C13)的权重为 0.140 6,低于与政府的沟通障碍(C16)和缺乏关键领导人推动障碍(C14)。一些研究者强调了关键企业在循环经济系统发展中的作用,这些关键企业也被描述为循环经济系统中的锚定企业或核心承租者(anchor tenants)(Korhonen,2001;Chertow,1998;Côté and Cohen-Rosenthal,1998)。这些核心企业有助于循环经济系统建立更多的产业共生关系(Côté and Cohen-Rosenthal,1998),从而推动系统超越边界。纯碱厂和热电厂是 HH 循环经济系统中的两个关键公司,许多产业共生关系都是围绕它们建立的。有受访者提到,实施石化与盐化工一体化战略后,围绕石化公司可能出现新的产业共生关系;因此,石化公司作为潜在的关键企业,应在识别和建立新的产业共生关系方面发挥积极作用。

协调作用障碍(C15,0.136 1)与缺少核心企业带动障碍(C13,0.140 6)的权重十分接近。循环经济系统的协调机构对参与产业共生关系的企业具有一定的影响力,对循环经济系统的发展和运行具有重要作用(Mirata,2004)。一些受访者提到,HH 集团作为参与循环经济系统的企业的母公司,发挥了重要的协调作用。但在某些方面还可以发挥更多的协调作用,如促进企业之间的信息交流,这将有助于发现更多潜在的共生关系,从而推动循环经济系统超越边界。

组织文化障碍(C12)的权重为 0.114 3,在组织障碍(B4)的所有二级障碍中排在最后一位。在 HH 循环经济系统超越边界的演进过程中,形成了良好的组织文化。从研究结果中可以发现,组织文化仍在一定程度上制约着该循环经济系统的发展。有一些受访者表明,在集团被中国海油收购后,虽然高层管理者对循环经济有深入的了解,并且已经把循环经济融入发展战略和目标。但 HH 集团内部与循环经济相关的组织文化还需要进一步普及,尤其是针对新员工。

（6）政府障碍（B1）

政府障碍（B1）的权重为 0.101 8，在所有的一级障碍中排在第 6 位。政府障碍（B1）下属的二级障碍的排序为政策障碍（C2，0.423 4）＞推动产业共生的法律法规障碍（C3，0.235 0）＞管理体制障碍（C1，0.203 8）＞法律法规的约束障碍（C4，0.137 9）。其中，政策障碍（C2）排在第 1 位，并且远高于其他 3 个二级障碍。一些学者强调了政策对推动循环经济发展的推动作用（Fraccascia et al.，2017；Boons et al.，2016；Walls and Paquin，2015）。尤其是对于承担分解功能的企业，往往需要政府提供激励政策，例如，补贴和低息贷款来促进这些企业的发展（Geng and Doberstein，2008）。在本研究的案例中，政策障碍（C2）权重高的原因主要在于，政府出台了一些关于废弃物利用的激励政策，但在案例循环经济系统演进过程中，这些政策的实施未能体现持续性。例如，氯化钙厂由于采用纯碱厂的蒸氨废液作为生产原料，可以享受政府的减税政策，这对氯化钙厂的运行发挥了重要作用，从而促使氯化钙厂作为分解者企业有效利用纯碱厂排放的蒸氨废液。但是，该政策后来被取消，氯化钙厂的效益受到一定程度的影响。这种政策的不延续将阻碍其他围绕分解者企业建立新的产业共生关系。

推动产业共生的法律法规障碍（C3）的权重为 0.235 0，在所有政府障碍（B1）下属的二级障碍中排在第 2 位。一些受访者提到，目前关于专门支持建立产业共生关系的法规还相对缺乏，这与 Papathanasoglou 等（2016）对希腊产业共生案例的研究发现一致。

管理体制障碍（C1）的权重为 0.203 8，与推动产业共生的法律法规障碍（C3）相近。通过调研发现，HH 集团所在区域的政府目前还没有专门负责推动和规范产业共生关系建立的职能部门。在该区域，生态工业园的管理主要归生态环境部门管理，发展和改革部门负责工业园区的循环化改造。从政府机构或政府管理体制来看，这两个部门在推动循环经济系统完善和发展方面还需要进一步加强协调。

法律法规的约束障碍（C4）的权重为 0.137 9，在所有政府障碍（B1）下属的二级障碍中排在最后一位。有学者指出，当前的环境保护法律法规往往会因为需要确保公共安全而阻碍废弃物的利用（Golev et al.，2015；Davis et al.，2009）。一些受访者提到，目前国家对危险废物的管理非常严格，企业必须对废弃物的利用非常谨慎，这会在一定程度上阻碍新的产业共生关系的建立。

（7）认知和动机障碍（B6）

认知和动机障碍（B6）的权重为 0.074，远低于其他 6 种一级障碍，这表明它是案例循环经济系统中最不重要的障碍。

认知和动机障碍（B6）下属的所有二级障碍的排序为交流障碍（C21，0.531 1）＞认知障碍（C19，0.248 2）＞信任和合作障碍（C20，0.220 7）。其中，C21 的权重要远高于 C19 和 C20。这表明 C21 是最重要的障碍。有受访者提出，企业之间针对建立产业共生关系的沟通还需要进一步加强。

此外，虽然案例循环经济系统仍存在一定程度的认知和动力障碍，但远低于其他一级障碍，这也表明经过大约 25 年的演化过程，HH 循环经济系统已经在认知和动机方面具备了一定的基础，从而使认知和动机成为最不重要的障碍。此外，由图 5-4 可以看出，在所有 23 个二级障碍中，信任和合作障碍（C20）排在第 22 位，几乎是最靠后的。这与澳大利亚 Gladstone 的案例研究结果是一致的。澳大利亚的 Gladstone 同样是一个运行中的循环经济系统，合作障碍被认为该循环经济系统最不重要的障碍（Golev et al.，2015）。然而，其他与循环经济系统边界障碍相关的研究发现，在设计和实施园区循环经济系统的过程中，缺乏产业共生相关的意识与理念是潜在的关键障碍（Bacudio et al.，2016；Promentilla et al.，2016）。由此可见，认知和动力障碍往往是循环经济系统在早期规划和实施阶段建立产业共生关系非常重要的障碍。然而，本研究中的 HH 循环经济系统以及澳大利亚 Gladstone 的循环经济系统，已经历了较长的演进时间。对于它们而言，建立新的产业共生关系，从而超越系统边界所面临的认知和动力障碍的重要性要低得多。这意味着在循环经济系统演进过程的不同阶段，相同边界障碍的重要性程度是不同的，这个观点也得到了其他研究者的支持（Yeo et al.，2019）。

总体而言，在案例循环经济系统的一级障碍中，技术障碍（B3）排在第 1 位，经济障碍（B2）和安全障碍（B7）分别排在第 2 位和第 3 位。后两者的权重值与技术障碍（B3）的权重值非常接近。因此，它们可以被认为是非常重要的障碍。信息障碍（B5）排在第 5 位，但其权重值与排在第 3 位的安全障碍（B7）非常接近。因此，信息障碍（B5）也可以被认为是非常重要的障碍。组织障碍（B4）的权重与排在前 4 位的一级障碍的差距不大。因此，组织障碍（B4）在一定程度上可以被认为是一个重要障碍。政府障碍（B1）排在第 6 位，政府障碍的权重远低于排在前 5 位的一级障碍，它可以被认为是对 HH 循环经济系统面临的中等重要程度的障碍。认知和动机障碍（B6）排在最后，并远低于其他一级障碍。由此可见，认知和动力障碍的重要程度最低。

5.4.3 对循环经济系统管理方面的启示

消除或管理关键边界障碍对于促进循环经济系统超越边界，实现系统的动态演进具有重要意义（Liu et al.，2012）。从对运行中的循环经济系统进行管理的角度来看，了解边界障碍的影响十分必要，这将有助于制定消除障碍的措施，推动系统实现持续演进。

首先，从一级障碍的角度来看，本研究提出的方法有利于循环经济系统的管理者及相关政府机构对循环经济系统边界障碍有一个总体的了解，然后将这些障碍聚焦于不同的类别。例如，通过本研究实证分析的结果，管理者或政府机构可以观察到 7 个一级障碍的整体排序，并识别出非常重要的一级障碍，即技术障碍、经济障碍、安全障碍和信息障碍。然后，为了应对或消除这些一级障碍，如对于最重要的障碍（技术障碍），管理者或技术相关的政府机构可以深入考察技术障碍，并思考如何管理或消除该类障碍。

其次，可以帮助管理者确认各种不同障碍的重要程度，并在二级障碍的层面上确定其中的关键障碍。例如，实证研究结果中排名前 5 的二级障碍分别是信息平台障碍、人的安全障碍、产业链延伸技术障碍、产品附加值障碍、生产成本障碍。对这些边界障碍应高度重视并制定实施消除这些障碍的对策。

最后，还可以有助于确定某个一级障碍下的二级障碍的相对重要性。以技术障碍为例，技术障碍是最重要的一级障碍，产业链延伸技术障碍是技术障碍中优先级最高的二级障碍，显著高于其他二级障碍（回收技术障碍、资源化技术障碍以及识别和评估产业共生的技术障碍）。这意味着产业链延伸技术障碍在应该得到更多的重视。由上述分析可见，管理者可以制订一个全面的计划来管理或消除障碍，也可以制定更具体的措施来消除关键障碍。

5.5　消除循环经济系统边界障碍的对策

结合实地调研和实证分析中的具体障碍因素，进一步提出消除循环经济系统边界障碍的相关对策，如表 5-12 所示。

表 5-12　消除循环经济系统边界障碍的主要对策

一级障碍因素	二级障碍因素	消除障碍因素的主要对策
政府障碍	管理体制障碍	● 加强循环经济相关管理部门之间的合作，如国家发展改革委、生态环境部、工业和信息化部、自然资源部等部门针对涉及循环经济系统超越边界的产业共生关系建立中存在的问题及时进行交流沟通，成立专门的协调机构并建立合作机制 ● 在园区循环经济系统层面，建立园区循环经济管理部门与园区内核心企业之间的交流反馈机制，定期收集核心企业在循环经济发展中遇到的问题并及时向国家相关部门反馈
	政策障碍	● 循环经济管理部门加强对循环经济系统开展定期调研，根据不同的废弃物利用特点有针对性地制定废弃物利用和管理政策，相关政策在实施过程中应能够保持连续性和稳定性 ● 对于在循环经济系统中承担分解者作用的企业，应根据其在维持循环经济系统稳定运行以及所在区域可持续发展方面的重要作用，制定相关政策予以扶持
	推动产业共生的法律法规障碍	● 出台及完善专门推动循环经济系统产业共生关系建立的法规，例如，在《中华人民共和国循环经济促进法》和《中华人民共和国清洁生产促进法》修订过程中，明确对在能源、水、废弃物充分利用等方面建立产业共生关系的企业给予相关支持

一级障碍因素	二级障碍因素	消除障碍因素的主要对策
政府障碍	法律法规的约束障碍	● 对现有法律法规中制约产业共生关系建立的内容进行调整或修订。例如，在有效区分危险废物和一般废弃物的基础上，改善危险废物的分类和管理办法，制定危险废物的专门法规。对于可被利用的危险废物，在确保运输及使用全过程安全的前提下，必要时适度简化相关程序，以便推动危险废物的资源化利用
经济效益障碍	生产成本障碍	● 对通过废弃物利用建立的产业共生关系提供财政补贴等相关激励政策（Kirchherr et al.，2018），尤其对于维持循环经济系统正常运行或推动循环经济系统超越边界具有关键作用的分解者或补链企业，应针对实际情况制定特殊的优惠政策予以扶持
	投资回收期障碍	● 完善和建立揭示循环经济系统建立产业共生关系涉及的投资通过运行所产生经济效益和环境效益的核算方法 ● 政府或相关组织帮助企业揭示及明确通过投资建设产业共生项目所带来的附加效益，如企业通过树立良好的绿色市场形象和承担社会责任带来的竞争力的提升 ● 园区循环经济系统的管理者或政府相关部门制定产业共生项目建设的相关扶持政策
	产品附加值障碍	● 政府或相关组织帮助企业对充分利用废弃物生产的产品进行市场宣传推广 ● 政府对充分利用废弃物生产的产品优先进行政府采购 ● 制定税收优惠、退税、信贷等相关优惠政策
技术障碍	回收技术障碍 资源化技术障碍 产业链延伸技术障碍	● 企业针对相关技术加强调研和技术创新 ● 在循环经济系统（如园区层面）中建立涵盖回收技术、资源化技术以及产业链延伸技术的技术孵化器，加快促进相关技术成果的转化应用 ● 政府或相关行业组织推动企业与科研院所、高校组建产学研技术创新联盟，针对涉及回收、资源化以及产业链延伸等产业共生方面的重要技术组织联合攻关、技术交流，并提供政策和资金支持
	识别和评估产业共生的技术障碍	● 企业组织专门员工或委托外部专家对潜在的产业共生关系进行识别、分析和评估 ● 政府或相关组织为企业识别和评估产业共生关系提供培训信息和技术服务
组织障碍	组织文化障碍	● 推动企业将循环经济和产业共生理念纳入企业文化，开展宣传和培训，并开展定期交流，使循环经济理念成为企业规划、决策及发展战略制定的重要原则和依据

一级障碍因素	二级障碍因素	消除障碍因素的主要对策
组织障碍	缺少核心企业带动障碍	● 注意发掘和识别已有循环经济系统的核心企业以及所在区域的潜在核心企业，例如，在能量、固废、废水方面与其他企业交换利用规模大和潜力较多的企业，可被识别为核心企业（Korhonen，2001；Chertow，1998；Côté and Cohen-Rosenthal，1998） ● 围绕核心企业识别更多建立产业共生关系的机会，尤其是其在发挥分解者作用方面是否存在潜力；吸引已有循环经济系统外部的企业与其建立产业共生关系 ● 相关政府部门和组织通过政策制定与宣传等途径加强核心企业的示范带动作用
	缺乏关键领导人推动障碍	● 循环经济系统的相关管理部门（如园区管委会）对参与循环经济系统的企业及区域其他主要企业的领导人进行宣传和培训，使他们充分认识建立产业共生、发展循环经济在实现经济效益、环境效益和社会效益方面的作用和意义，以及相关的优惠政策 ● 循环经济系统成立推动循环经济发展的专门组织，邀请产业共生企业的领导人加入，在发展循环经济和拓展建立产业共生关系方面进行定期交流，以推动循环经济系统超越边界，实现动态演进
	协调作用障碍	● 循环经济系统中的共生企业成立专门的协调组织并建立协调机制，为及时有效解决系统在超越边界的演进过程中遇到的问题提供保障；同时，协调各共生企业及新加入的企业之间通过合作建立新的产业共生关系 ● 循环经济系统的相关管理部门在推动建立协调组织方面发挥积极作用
	与政府的沟通障碍	● 循环经济系统的相关管理部门建立专门的反馈渠道和反馈机制，通过与参与产业共生企业的有效沟通收集企业在循环经济系统运行中遇到的问题，如面临的技术障碍以及政策在具体执行中的效果和存在的问题等信息。同时，把政府在推动循环经济和建立产业共生等方面的相关政策、法规、技术等动态信息及时传达给企业，并提供信息的解读与咨询服务
信息障碍	信息平台障碍	● 循环经济系统的相关管理部门建立并完善能够有效提供企业之间建立产业共生关系所需信息的基础信息平台系统 ● 信息平台应涵盖所有参与循环经济系统产业共生关系建立的企业，并为潜在的可以加入循环经济系统的新企业提供信息咨询 ● 循环经济系统所在区域的政府（如工业园区管委会）及相关组织应在推动信息平台建设方面发挥积极的组织和协调作用

一级障碍因素	二级障碍因素	消除障碍因素的主要对策
信息障碍	信息交换障碍	● 循环经济系统管理部门协调循环经济系统企业及时将运行中信息变化的情况进行交换，并建立信息交换机制
认知障碍	意识和理解障碍	● 循环经济系统管理部门对企业人员进行定期宣传和培训，使其理解循环经济和产业共生的概念内涵、建立产业共生关系的途径和作用以及相关政策等内容，从而不断提高企业的相关意识
	信任和合作障碍	● 通过宣传、培训以及示范项目，使企业明确彼此之间的信任和合作对建立产业共生关系、共同应对资源短缺和减少污染等方面具有的重要作用 ● 政府或相关组织发挥协调及咨询服务的作用，增进企业之间的信任和合作
	交流和沟通障碍	● 循环经济系统的管理部门（如园区管委会）定期组织参与共生的企业以及所在区域的企业进行交流 ● 循环经济系统的企业共同建立专门的组织，如共生企业俱乐部，定期就共生关系的运行和建立新的共生关系进行交流和沟通（Branson，2016）
安全障碍	生态安全障碍	● 对建立产业共生关系所产生的生态影响以及生态效益进行评估 ● 循环经济系统所在区域的政府（如园区管委会）采取措施提高区域的生态系统的服务功能，如进行生态修复 ● 循环经济系统的相关管理部门激励企业通过绿色基础设施建设提高区域生态系统服务功能
	人的安全障碍	● 提供专项资金，对循环经济系统产业共生关系中涉及废弃物利用和处理的特殊岗位人员提供补贴 ● 对产业共生关系中涉及废弃物利用和处理的环节进行全过程监控并定期开展安全培训和检查

5.6　本章小结

　　本章在前述章节研究的基础上，提出了循环经济系统的边界障碍问题，将制约循环经济系统建立超越边界产业共生关系的障碍称为循环经济系统的边界障碍。

　　基于文献调研，可将循环经济系统边界障碍相关的因素归纳为政府障碍、经济障碍、技术障碍、组织障碍、信息障碍、认知与动机障碍、安全障碍七大类，其中每一大类的障碍又可分为若干具体小类。

　　基于对循环经济系统边界障碍的分类，研究构建了综合层次分析法（AHP）和优劣解距离法（TOPSIS）的 Group AHP-TOPSIS 群体决策模型，用来系统评价循环经济系统的边界障碍。该模型被设计为两级层次结构，有助于确定一级障碍的重要性程度以及与之对应的二级障碍的重要性程度，从而更全面地揭示循环经济系统的边界障碍。

　　选择化工行业的循环经济系统作为案例对建立的该模型开展了实证研究。结果发现，在一级障碍的层面上，排名前 4 的障碍是技术障碍（B3）、经济障碍（B2）、安全障碍（B7）和信息障碍（B5）。技术障碍是最重要的一级障碍，应该给予更高的关注度，从而管理或者消除该障碍。认知和动机障碍（B6）排在最后，并远远低于其他一级障碍，因此认知和动力障碍的重要程度最低。在二级障碍层面，信息平台障碍排在第 1 位，是最重要的二级障碍，其他排名前 5 的二级障碍依次是人的安全障碍、产业链延伸技术障碍、产品附加值障碍和生产成本障碍。对这些二级障碍应高度重视并制定实施消除这些障碍的对策。此外，案例分析结果还揭示出，研究建立的评价模型通过偏好差异和偏好优先级的修正，可以将不同障碍的权重值更明显地区分开，具有更高的辨识度，表明该模型有助于识别循环经济系统边界障碍中更重要的障碍。

　　最后，结合实地调研和实证分析中的具体障碍因素，进一步提出了消除循环经济系统边界障碍的相关对策。

参考文献

Aczél J，Saaty T L，1983. Procedures for synthesizing ratio judgements[J]. Journal of Mathematical
　　　Psychology，27（1）：93-102.

Agyemang M，Kusi-Sarpong S，Khan S A，et al.，2019. Drivers and barriers to circular economy implementation：An explorative study in Pakistan's automobile industry[J]. Management Decision，57（4）：971-994.

Aid G，Eklund M，Anderberg S，et al.，2017. Expanding roles for the Swedish waste management sector in inter-organizational resource management[J]. Resources，Conservation and Recycling（124）：85-97.

Albayrak E，Erensal Y C，2004. Using analytic hierarchy process（AHP）to improve human performance：An application of multiple criteria decision making problem[J]. Journal of Intelligent Manufacturing，15（4）：491-503.

Alfaro J，Miller S，2014. Applying industrial symbiosis to smallholder farms[J]. Journal of Industrial Ecology，18（1）：145-154.

Angiz L M Z，Mustafa A，Ghani N A，et al.，2012. Group decision via usage of analytic hierarchy process and preference aggregation method[J]. Sains Malaysiana，41（3）：361-366.

Ayres R U，2004. On the life cycle metaphor：where ecology and economics diverge[J]. Ecological Economics，48（4）：425-438.

Baas L，Huisingh D，2008. The synergistic role of embeddedness and capabilities in industrial symbiosis：illustration based upon 12 years of experiences in the Rotterdam Harbour and Industry Complex[J]. Progress in Industrial Ecology：An International Journal，5（5-6）：399-421.

Baas L，Boons F，2004. An industrial ecology project in practice：exploring the boundaries of decision-making levels in regional industrial systems[J]. Journal of Cleaner Production，12（8）：1073-1085.

Bacudio L R，Benjamin M F D，Eusebio R C P，et al.，2016. Analyzing barriers to implementing industrial symbiosis networks using DEMATEL[J]. Sustainable Production and Consumption（7）：57-65.

Badri M A，2001. A combined AHP-GP model for quality control systems[J]. International Journal of

Production Economics，72（1）：27-40.

Basak I，Saaty T，1993. Group decision making using the analytic hierarchy process[J]. Mathematical and Computer Modelling，17（4-5）：101-109.

Behzadian M，Khanmohammadi Otaghsara S，Yazdani M，et al.，2012. A state-of the-art survey of TOPSIS applications[J]. Expert Systems with Applications，39（17）：13051-13069.

Beynon M J，2005. A method of aggregation in DS/AHP for group decision-making with the non-equivalent importance of individuals in the group[J]. Computers & Operations Research，32（7）：1881-1896.

Bodin L，Gass S I，2003. On teaching the analytic hierarchy process[J]. Computers & Operations Research，30（10）：1487-1497.

Boom-Cárcamo E，Peñabaena-Niebles R，2022. Analysis of the development of industrial symbiosis in emerging and frontier market countries：barriers and drivers[J]. Sustainability，14（7）：4223.

Boons F，Chertow M R，Park J，et al.，2016. Industrial symbiosis dynamics and the problem of equivalence：proposal for a comparative framework[J]. Journal of Industrial Ecology，21（4）：938-952.

Branca T A，Fornai B，Colla V，et al.，2021. Industrial symbiosis and energy efficiency in European process industries：a review[J]. Sustainability，13（16）：9159.

Brand E，Bruijn T D，1999. Shared responsibility at the regional level：the building of sustainable industrial estates[J]. European Environment，9（6）：221-231.

Branson R，2016. Re-constructing Kalundborg：the reality of bilateral symbiosis and other insights[J]. Journal of Cleaner Production（112）：4344-4352.

Cao K，Feng X，Wan H，2009. Applying agent-based modeling to the evolution of eco-industrial systems[J]. Ecological Economics，68（11）：2868-2876.

Cervo H，Ogé S，Maqbool A S，et al.，2019. A case study of industrial symbiosis in the Humber Region using the EPOS methodology[J]. Sustainability，11（24）：6940.

Chen C.-T，2000. Extensions of the TOPSIS for group decision-making under fuzzy environment[J]. Fuzzy Sets and Systems，114（1）：1-9.

Chen L，Chan C.-M，Lee H.-C，et al.，2014. Development of a decision support engine to assist patients with hospital selection[J]. Journal of Medical Systems，38（6）：59.

Chen X，Fujita T，Ohnishi S，et al.，2012. The impact of scale，recycling boundary，and type of waste on symbiosis and recycling[J]. Journal of Industrial Ecology，16（1）：129-141.

Chertow M R，2007. "Uncovering" industrial symbiosis[J]. Journal of Industrial Ecology，11（1）：11-30.

Chertow M R，1998. The eco-industrial park model reconsidered[J]. Journal of Industrial Ecology，2（3）：8-10.

Chiu A S F，Geng Y，2004. On the industrial ecology potential in Asian developing countries[J]. Journal of Cleaner Production，12（8）：1037-1045.

Costa I，Ferrão P，2019. A case study of industrial symbiosis development using a middle-out approach[J]. Journal of Cleaner Production，18（10）：984-992.

Costa I，Massard G，Agarwal A，2010. Waste management policies for industrial symbiosis development：case studies in European countries[J]. Journal of Cleaner Production，18（8）：815-822.

Côté R P，2000. Exploring the analogy further[J]. Journal of Industrial Ecology，3（2-3）：11-12.

Côté R P，Cohen-Rosenthal E，1998. Designing eco-industrial parks：a synthesis of some experiences[J]. Journal of Cleaner Production，6（3）：181-188.

Darko A，Chan A P C，Ameyaw E E，et al.，2019. Review of application of analytic hierarchy process（AHP） in construction[J]. International Journal of Construction Management，19（5）：436-452.

Davis M，Corder G D，Brereton D J，2009. The impact of Queensland's regulatory waste management framework on the uptake of regional synergies[J]. Environmental and Planning Law Journal，26（1）：49-60.

Desrochers P，2001. Cities and industrial symbiosis：some historical perspectives and policy implications[J]. Journal of Industrial Ecology，5（4）：29-44.

Dong Q，Cooper O，2016. An orders-of-magnitude AHP supply chain risk assessment framework[J]. International Journal of Production Economics（182）：144-156.

Ehrenfeld J，Gertler N，1997. Industrial ecology in practice：the evolution of interdependence at Kalundborg[J]. Journal of Industrial Ecology，1（1）：67-79.

Fang Y，Côté R P，Qin R，2007. Industrial sustainability in China：practice and prospects for eco-industrial development[J]. Journal of Environmental Management，83（3）：315-328.

Fichtner W，Tietze-Stöckinger I，Frank M，et al. 2005. Barriers of interorganisational environmental management：two case studies on industrial symbiosis[J]. Progress in Industrial Ecology，2（1）：73-88.

Forman E，Peniwati K，1998. Aggregating individual judgments and priorities with the analytic hierarchy process[J]. European Journal of Operational Research，108（1）：165-169.

Fraccascia L，Giannoccaro I，Albino V，2017. Efficacy of landfill tax and subsidy policies for the emergence of industrial symbiosis networks：an agent-based simulation study[J]. Sustainability，9（4）：521.

Fraccascia L，Yazan D M，2018. The role of online information-sharing platforms on the performance of industrial symbiosis networks[J]. Resources，Conservation and Recycling（136）：473-485.

Geng Y，Côté R P，2002. Scavengers and decomposers in an eco-industrial park[J]. International Journal of Sustainable Development & World Ecology，9（4）：333-340.

Geng Y，Doberstein B，2008. Developing the circular economy in China：challenges and opportunities for achieving "leapfrog development"［J］. International Journal of Sustainable Development & World Ecology，15（3）：231-239.

Geng Y，Sarkis J，Ulgiati S，2016. Sustainability，well-being，and the circular economy in China and worldwide[J]. Science（6278）：73-76.

Ghimire L P, Kim Y, 2018. An analysis on barriers to renewable energy development in the context of Nepal using AHP[J]. Renewable Energy (129): 446-456.

Gibbs D, 2003. Trust and networking in inter-firm relations: the case of eco-industrial development[J]. Local Economy: The Journal of the Local Economy Policy Unit, 18 (3): 222-236.

Gibbs D, Deutz P, 2007. Reflections on implementing industrial ecology through eco-industrial park development[J]. Journal of Cleaner Production, 15 (17): 1683-1695.

Golev A, Corder G D, Giurco D P, 2015. Barriers to industrial symbiosis: insights from the use of a maturity grid[J]. Journal of Industrial Ecology, 19 (1): 141-153.

Grant G B, Seager T P, Massard G, et al., 2010. Information and communication technology for industrial symbiosis[J]. Journal of Industrial Ecology, 14 (5): 740-753.

Grošelj P, Zadnik Stirn L, Ayrilmis N, et al., 2015. Comparison of some aggregation techniques using group analytic hierarchy process[J]. Expert Systems with Applications, 42 (4): 2198-2204.

Guo B, Geng Y, Sterr T, et al., 2016. Evaluation of promoting industrial symbiosis in a chemical industrial park: A case of Midong[J]. Journal of Cleaner Production (135): 995-1008.

Heeres R R, Vermeulen W J V, de walle F B, 2004. Eco-industrial park initiatives in the USA and the Netherlands: first lessons[J]. Journal of Cleaner Production, 12 (8-10): 985-995.

Henriques J, Ferrão P, Castro R, et al., 2021. Industrial symbiosis: a sectoral analysis on enablers and barriers[J]. Sustainability, 13 (4): 1723.

Hewes A K, Lyons D I, 2008. The humanistic side of eco-industrial parks: champions and the role of trust[J]. Regional Studies, 42 (10): 1329-1342.

Huang Y.-S, Li W.-H, 2012. A Study on aggregation of TOPSIS ideal solutions for group decision-making[J]. Group Decision and Negotiation, 21 (4): 461-473.

Huang Y.-S, Liao J.-T, Lin Z.-L, 2009. A study on aggregation of group decisions[J]. Systems Research and Behavioral Science, 26 (4): 445-454.

Inti S, Tandon V, 2017. Integration of data envelopment analysis-based preference aggregation method and a particle swarm optimization technique into group decision model[J]. Journal of Computing in Civil Engineering, 31 (1): 04016043.

Ishizaka A, Labib A, 2011. Review of the main developments in the analytic hierarchy process[J]. Expert Systems with Applications, 38 (11): 14336-14345.

Jaeger B, Upadhyay A, 2019. Understanding barriers to circular economy: cases from the manufacturing industry[J]. Journal of Enterprise Information Management, 33 (4): 729-745.

Jesus G M K, Jugend D, Paes L A B, et al., 2023. Barriers to the adoption of the circular economy in the Brazilian sugarcane ethanol sector[J]. Clean Technologies and Environmental Policy, 25 (2): 381-395.

Jiao W, Boons F, 2014. Toward a research agenda for policy intervention and facilitation to enhance industrial symbiosis based on a comprehensive literature review[J]. Journal of Cleaner Production (67): 14-25.

Karapetrovic S, Rosenbloom E S A, 1999. Quality control approach to consistency paradoxes in AHP[J]. European Journal of Operational Research, 119 (3): 704-718.

Kathirvel P, Parthiban P, Amaladhasan S, 2019. Studies on sustainable supply chain barriers of suppliers to the thermal power heavy industry[J]. JSIR (78): 368-372.

Kirchherr J, Piscicelli L, Bour R, et al., 2018. Barriers to the circular economy: evidence from the European Union (EU) [J]. Ecological Economics (150): 264-272.

Kittiyankajon M, Chetchotsak D, 2018. Group decision making for strategy prioritisation using hybrid aggregation: a case study of sugar industry in Thailand[J]. International Journal of Applied Management Science, 10 (4): 338-361.

Korhonen J, 2001. Co-production of heat and power: an anchor tenant of a regional industrial ecosystem[J]. Journal of Cleaner Production, 9 (6): 509-517.

Kou G, Ergu D, Shang J, 2014. Enhancing data consistency in decision matrix: adapting hadamard model to mitigate judgment contradiction[J]. European Journal of Operational Research, 236

（1）：261-271.

Krylovas A，Zavaskas E K，Kosareva N，et al.，2014. New KEMIRA method for determining criteria priority and weights in solving MCDM problem[J]. International Journal of Information Technology & Decision Making，13（6）：1119-1133.

Lambert A J D，Boons F，2002. Eco-industrial parks：stimulating sustainable development in mixed industrial parks[J]. Technovation，22（8）：471-484.

Leblanc R，Tranchant C，Gagnon Y，et al.，2016. Potential for eco-industrial park development in Moncton，New Brunswick（Canada）：a comparative analysis[J]. Sustainability，8（5）：472.

Lee J，Kang S-H，Rosenberger J，et al.，2010. A hybrid approach of goal programming for weapon systems selection[J]. Computers & Industrial Engineering，58（3）：521-527.

Lehtoranta S，Nissinen A，Mattila T，et al.，2011. Industrial symbiosis and the policy instruments of sustainable consumption and production[J]. Journal of Cleaner Production，19（16）：1865-1875.

Liu C，Côté R P，2017. A framework for integrating ecosystem services into China's circular economy：the case of eco-industrial parks[J]. Sustainability，9（9）：1510.

Liu C，Côté R P，2015. Controlling chromium slag pollution utilising scavengers：a case of Shandong Province，China[J]. Waste Management & Research：The Journal for a Sustainable Circular Economy，33（4）：363-369.

Liu C，Ma C，Zhang K，2012. Going beyond the sectoral boundary：a key stage in the development of a regional industrial ecosystem[J]. Journal of Cleaner Production，22（1）：42-49.

Liu Z，Adams M，Côté R P，et al.，2018. Comparative study on the pathways of industrial parks towards sustainable development between China and Canada[J]. Resources，Conservation and Recycling（128）：417-425.

Lombardi R，2017. Non-technical barriers to（and drivers for）the circular economy through industrial symbiosis：a practical input[J]. Economics and Policy of Energy and the Environment

（1）：171-189.

Luthra S，Mangla S K，Xu L，et al.，2016. Using AHP to evaluate barriers in adopting sustainable consumption and production initiatives in a supply chain[J]. International Journal of Production Economics（181）：342-349.

Madsen J K，Boisen N，Nielsen L U，et al.，2015. Industrial symbiosis exchanges：developing a guideline to companies[J]. Waste and Biomass Valorization，6（5）：855-864.

Mangan A，Olivetti E，2010. By-product synergy networks：driving innovation through waste reduction and carbon mitigation. In Sustainable Development in the Process Industries；John Wiley & Sons，Ltd.：Hoboken，NJ，USA：81-108.

Mangla S K，Govindan K，Luthra S，2017. Prioritizing the barriers to achieve sustainable consumption and production trends in supply chains using fuzzy Analytical Hierarchy Process[J]. Journal of Cleaner Production（151）：509-525.

Mikhailov L，2004. Group prioritization in the AHP by fuzzy preference programming method[J]. Computers & Operations Research，31（2）：293-301.

Mirata M，2004. Experiences from early stages of a national industrial symbiosis programme in the UK：determinants and coordination challenges[J]. Journal of Cleaner Production，12（8）：967-983.

Morente-Molinera J A，Pérez I J，Ureña M R，et al.，2015. On multi-granular fuzzy linguistic modeling in group decision making problems：A systematic review and future trends[J]. Knowledge-Based Systems（74）：49-60.

Neves A，Godina R G，Azevedo S，et al.，2019. The potential of industrial symbiosis：case analysis and main drivers and barriers to its implementation[J]. Sustainability，11（24）：7095.

Notarnicola B，Tassielli G，Renzulli P A，2016. Industrial symbiosis in the Taranto industrial district：current level，constraints and potential new synergies[J]. Journal of Cleaner Production（122）：133-143.

Ossadnik W，Schinke S，Kaspar R H，2016. Group aggregation techniques for analytic hierarchy process and analytic network process: a comparative analysis[J]. Group Decision and Negotiation, 25 (2): 421-457.

Pajunen N, Watkins G, Husgafvel R, et al., 2013. The challenge to overcome institutional barriers in the development of industrial residue based novel symbiosis products-experiences from Finnish process industry[J]. Minerals Engineering (46-47): 144-156.

Panyathanakun V, Tantayanon S, Tingsabhat C, et al., 2013. Development of eco-industrial estates in Thailand: initiatives in the northern region community-based eco-industrial estate[J]. Journal of Cleaner Production (51): 71-79.

Papathanasoglou A, Panagiotidou M, Valta K, et al., 2016. Institutional barriers and opportunities for the implementation of industrial symbiosis in Greece[J]. Environmental Practice, 18 (4): 253-259.

Park C-S, Han I, 2002. A case-based reasoning with the feature weights derived by analytic hierarchy process for bankruptcy prediction[J]. Expert Systems with Applications, 23 (3): 255-264.

Park H-S, Rene E R, Choi S-M, et al., 2008. Strategies for sustainable development of industrial park in Ulsan, South Korea-from spontaneous evolution to systematic expansion of industrial symbiosis[J]. Journal of Environmental Management, 87 (1): 1-13.

Park H-S, Won J-Y, 2008. Ulsan eco-industrial park: challenges and opportunities[J]. Journal of Industrial Ecology, 11 (3): 11-13.

Pauer F, Schmidt K, Babac A, et al., 2016. Comparison of different approaches applied in Analytic Hierarchy Process-an example of information needs of patients with rare diseases[J]. BMC Medical Informatics and Decision Making, 16 (1): 117.

Pecchia L, Bath P A, Pendleton N, et al., 2011. Analytic hierarchy process (AHP) for examining healthcare professionals' assessments of risk factors[J]. Methods of Information in Medicine, 50 (5): 435-444.

Promentilla M A B, Bacudio L R, Benjamin M F D, et al., 2016. Problematique approach to analyse barriers in implementing industrial ecology in philippine industrial parks[J]. Chemical

Engineering Transactions（52）：811-816.

Raabe B，Low J S C，Juraschek M，et al.，2017. Collaboration platform for enabling industrial symbiosis：application of the by-product exchange network model[J]. Procedia CIRP（61）：263-268.

Ramanathan R，Ganesh L S，1994. Group preference aggregation methods employed in AHP：an evaluation and an intrinsic process for deriving members' weightages[J]. European Journal of Operational Research，79（2）：249-265.

Reijnders L，2007. The cement industry as a scavenger in industrial ecology and the management of hazardous substances[J]. Journal of Industrial Ecology，11（3）：15-25.

Reniers G L L，Ale B J M，Dullaert W，et al.，2009. Designing continuous safety improvement within chemical industrial areas[J]. Safety Science，47（5）：578-590.

Ritzén S，Sandström G Ö，2017. Barriers to the circular economy-integration of perspectives and domains[J]. Procedia CIRP（64）：7-12.

Saaty T L，1990. Multicriteria decision making：the analytic hierarchy process[M]. 2nd ed.；Analytic Hierarchy Process Series；RWS Publications：Pittsburgh，PA，USA.

Saaty T L，1977. A scaling method for priorities in hierarchical structures[J]. Journal of Mathematical Psychology，15（3）：234-281.

Saaty T L，Vargas L G，2012. Models，methods，concepts & applications of the analytic hierarchy process[M]. New York：Springer Verlag.

Sakr D，Baas L，El-haggar S，et al.，2011. Critical success and limiting factors for eco-industrial parks：global trends and Egyptian context[J]. Journal of Cleaner Production，19（11）：1158-1169.

Salmi O，Hukkinen J，Heino J，et al.，2012. Governing the interplay between industrial ecosystems and environmental regulation[J]. Journal of Industrial Ecology，16（1）：119-128.

Scala N M，Rajgopal J，Vargas L G，et al.，2016. Group decision making with dispersion in the analytic hierarchy process[J]. Group Decision and Negotiation，25（2）：355-372.

Schmidt K，Babac A，Pauer F，et al.，2016. Measuring patients' priorities using the analytic hierarchy process in comparison with best-worst-scaling and rating cards：methodological aspects and ranking tasks[J]. Health Economics Review，6（1）：50.

Schniederjans M J，Wilson R L，1991. Using the analytic hierarchy process and goal programming for information system project selection[J]. Information & Management，20（5）：333-342.

Shih H-S，Shyur H-J，Lee E S，2007. An extension of TOPSIS for group decision making[J]. Mathematical and Computer Modelling，45（7-8）：801-813.

Sinding K，2000. Environmental management beyond the boundaries of the firm：definitions and constraints[J]. Business Strategy and the Environment，9（2）：79-91.

Singh R K，Kumar A，Garza-Reyes J A，et al.，2020. Managing operations for circular economy in the mining sector：An analysis of barriers intensity[J]. Resources Policy（69）：101752.

Tudor T，Adam E，Bates M，2007. Drivers and limitations for the successful development and functioning of EIPs（eco-industrial parks）：a literature review[J]. Ecological Economics，61（2）：199-207.

Uddin S，Ali S M，Kabir G，et al.，2019. An AHP-ELECTRE framework to evaluate barriers to green supply chain management in the leather industry[J]. International Journal of Sustainable Development & World Ecology，26（8）：732-751.

Uzoka F-M E，Obot O，Barker K，et al.，2011. An experimental comparison of fuzzy logic and analytic hierarchy process for medical decision support systems[J]. Computer Methods and Programs in Biomedicine，103（1）：10-27.

Van Beers D，Bossilkov A，Corder G，et al.，2007. Industrial symbiosis in the Australian minerals industry：the cases of Kwinana and Gladstone[J]. Journal of Industrial Ecology，11（1）：55-72.

Van Den Honert R C，2001. Decisional power in group decision making：a note on the allocation of group members' weights in the multiplicative AHP and SMART[J]. Group Decision and Negotiation，10（3）：275-286.

Van Eijk F，Barriers & drivers towards a circular economy：literature review. Available online：www.circulairondernemen.nl/uploads/e00e8643951aef8adde612123e824493.pdf（accessed on 17 March 2022）.

Walls J L，Paquin R L，2015. Organizational perspectives of industrial symbiosis：a review and synthesis[J]. Organization & Environment，28（1）：32-53.

Watkins G，Husgafvel R，Pajunen N，et al.，2013. Overcoming institutional barriers in the development of novel process industry residue based symbiosis products-case study at the EU level[J]. Minerals Engineering（41）：31-40.

Wolf A，Eklund M，Soderstrom M，2005. Towards cooperation in industrial symbiosis：considering the importance of the human dimension[J]. Progress in Industrial Ecology，an International Journal，2（2）：185-199.

Xie W, Xu Z, Ren Z, et al., 2018. Probabilistic linguistic analytic hierarchy process and its application on the performance assessment of Xiongan new area[J]. International Journal of Information Technology & Decision Making，17（6）：1693-1724.

Xu Z，Wei C，1999. A consistency improving method in the analytic hierarchy process[J]. European Journal of Operational Research，116（2）：443-449.

Yazan D M，Fraccascia L，2018. Sustainable operations of industrial symbiosis：an enterprise input-output model integrated by agent-based simulation[J]. International Journal of Production Research，58（2）：392-414.

Yeo Z，Masi D，Low J S C，et al.，2019. Tools for promoting industrial symbiosis：a systematic review[J]. Journal of Industrial Ecology，23（5）：1087-1108.

Yu F，Han F，Cui Z，2015. Evolution of industrial symbiosis in an eco-industrial park in China[J]. Journal of Cleaner Production（87）：339-347.

Yune J H，Tian J，Liu W，et al.，2016. Greening Chinese chemical industrial park by implementing industrial ecology strategies：a case study[J]. Resources，Conservation and Recycling（112）：54-64.

Zadnik S L，Grošelj P，2013. Estimating priorities in group AHP using interval comparison matrices[J]. Multiple Criteria Decision Making（8）：143-159.

Zhu Q，Geng Y，Sarkis J，et al.，2015. Barriers to promoting eco-industrial parks development in China：Perspectives from senior officials at national industrial parks[J]. Journal of Industrial Ecology，19（3）：457-467.

第 6 章

结论与展望

6.1　结论

循环经济系统超越边界是循环经济系统发展中客观存在的现象，体现了循环经济系统向更大范围扩展的动态发展过程，与当前全球推动循环经济在更大范围内实施以及我国加快构建废弃物循环利用体系的重要任务具有密切关系。本书针对循环经济系统超越边界这一循环经济系统发展的共性问题，从多学科的角度，在理论基础和内涵、驱动因素和驱动机制、表征模型、障碍因素的综合评价等方面展开研究，构建了循环经济系统超越边界问题的理论框架和方法体系，并结合典型案例进行了实证分析。该问题的研究，有助于丰富和完善循环经济理论体系，并为循环经济的深入发展提供理论依据和方法借鉴。总结全书，可以得到以下主要结论和观点。

①系统科学与组织科学为构建循环经济系统超越边界的基础理论提供了重要理论依据。系统边界是系统的重要属性和组成部分。系统边界具有动态变化的特征，通常以系统超越边界的现象呈现，可用于揭示系统动态发展的演进过程。超越边界是系统演进的基本途径，系统的演进通常表现为一个系统超越边界的动态发展过程。在实践中，循环经济往往以系统的形态存在和运行，循环经济系统同样也具有边界。循环经济系统边界的具体作用主要体现在构建循环经济系统、表

征循环经济系统运行规模的有限性、区别循环经济系统与环境、连通循环经济系统与外部环境 4 个方面。循环经济系统边界可从循环经济系统的内部和外部两个视角进行定义。其中，基于内部视角的循环经济系统边界，意味着循环经济系统成员之间产业共生关系终止的位置，即表明循环经济系统作为一个整体对其产业共生关系活动的控制和调节能力终止的位置，该视角有助于深入揭示循环经济系统的动态发展。循环经济系统成员的特征、系统成员之间的关系和系统成员的活动可作为综合确定循环经济系统边界的标准。依据组织身份理论，循环经济系统的组织身份可被认为是由循环经济系统成员集体塑造的，将循环经济系统与其他经济系统（如一个工业园区）区分开的具有核心性、独特性和持久性的信念与价值。循环经济系统的组织身份为系统成员从事循环经济活动提供了行为准则和发展方向，有助于更深入地揭示循环经济系统的本质特征。循环经济系统边界运行的机制，正是在循环经济系统的组织身份持续驱动循环经济系统从事与自身组织身份一致的活动的作用下实现的。

②循环经济系统超越边界是循环经济系统超越自身已有边界，与系统外部建立产业共生关系的客观现象，是循环经济系统开放性的直观体现。循环经济系统超越边界需要通过建立新的产业共生关系来实现，识别新的产业共生关系可被视为循环经济系统超越边界的前提和基础。循环经济系统超越边界与系统演进具有十分密切的关系。循环经济系统超越边界实际上是循环经济系统演进的基本途径和重要特征，循环经济系统的演进通常表现为一个循环经济系统超越边界的动态发展过程。从循环经济系统超越边界的视角，有助于更为深入系统地揭示循环经济系统演进的特征和本质。在循环经济系统超越边界的驱动机制方面，组织身份理论、制度同构理论和市场机制，可用于构建循环经济系统超越边界驱动机制的理论框架。在循环经济系统组织身份机制的作用下，循环经济系统能够具备持久的能动性，即不断根据组织身份所规定的特征的要求，探索新的产业共生关系，从而推动循环经济系统超越边界。制度同构包括强制同构、模仿同构和规范同构 3 种机制。其中，强制同构通过强制性方式影响循

环经济系统决策的制定，主要通过政府颁布有利于推动实施循环经济的法律法规，促使循环经济系统寻求建立相应的产业共生关系。模仿同构是指当某一循环经济系统或其成员会通过模仿其他循环经济系统建立某些产业共生关系的成功经验，建立类似的产业共生关系从而实现超越已有系统边界。规范同构机制主要体现在企业人员通过接受培训具备了循环经济专业化水平，形成共同的循环经济理念和思维方式，从而使企业在实践中能够按照循环经济的模式发展。相关行业协会及管理部门，作为循环经济实践中的利益相关者，可以通过发布行业标准的方式，规范企业的循环经济实践活动。借助制度同构理论，可以使我们更加深刻地理解在驱动循环经济系统超越边界的机制方面政府所发挥的重要作用。市场机制对循环经济系统超越边界发挥了基础作用。循环经济系统中的共生企业，如果能够与其他企业在废弃物或副产品利用方面形成相对稳定的供求关系，将有助于实现产业共生关系的建立和运行，从而进一步驱动循环经济系统超越边界。在实践中，循环经济系统的超越边界，通常是由多种机制的综合作用实现的，而不是单纯依赖某一种机制。除上述 3 种驱动机制外，还应重视协调机制的作用。政府及社会组织在协调机制方面发挥着重要作用。协调机制需要依靠多利益相关方的共同参与。通过协调机制的作用，能够使市场机制与其他驱动机制之间有效结合，促进循环经济系统在实践中建立新的产业共生关系，从而超越已有的系统边界，实现循环经济系统规模的扩展。在循环经济系统超越边界的驱动因素方面，可将相关驱动因素归纳为 6 类，即资源、政府、经济、企业、技术和社会。

③运用系统动力学方法，能够建立定量揭示循环经济系统超越边界演进过程的模型。对仿真结果进行分析时，通过改变固废资源化利用率、废水综合利用率和废气资源化利用等输入端变量进行情景分析，对比各种情景分析的结果，并运用建立的循环经济系统超越边界的驱动机制和驱动因素的理论框架，综合分析和识别循环经济系统超越边界，建立新的产业共生关系对系统的演进发挥重要作用。通过对典型循环经济系统的实证研究表明，运用研究建立的系统动

力学模型，通过情景分析，能够定量表征循环经济系统在超越边界的演进过程中，通过建立新的产业共生关系，在能量、固废、废水的利用和共生效益方面的变化趋势。与其他情景相比，当前情景下的产业共生关系的建立有效降低了系统内能源消耗、固废存量以及废水存量。同时，案例循环经济系统的共生效益总体上呈上升趋势，表明超越边界的产业共生关系的建立有利于循环经济系统朝着环境效益与经济效益双赢的方向发展。通过实证研究还获得了其他有意义的发现：首先，循环经济系统在某一时期会出现边界收缩的现象，系统科学领域中有关边界的研究也有相似的发现。但从案例循环经济系统演进过程的整体来看，循环经济系统的边界是扩展的。由此表明，从循环经济系统内部的视角对循环经济系统边界进行的定义，有助于我们更系统深入地理解循环经济系统动态变化的演进过程。其次，案例中揭示的循环经济系统超越边界的现象，与该循环经济系统的组织结构有着密切的关系，我国背景下这种集团化的组织结构为企业建立循环经济系统并通过超越边界实现系统演进提供了有利条件。再次，充分发掘企业的分解功能，有助于建立使循环经济系统超越边界的产业共生关系，从而使循环经济系统实现规模的扩展。这也使循环经济系统在超越边界的演进过程中，能量和废弃物能够实现更加充分的利用，系统的结构和功能不断得到完善。最后，通过实证研究表明，在实践中循环经济系统超越边界是通过多种驱动机制的综合作用而实现的，这使循环经济领域其他学者的观点通过实际案例分析得以验证。

④循环经济系统超越边界是循环经济系统演进的基本途径，超越边界会面临若干制约超越边界产业共生关系建立的障碍因素。因此，应对制约循环经济系统超越边界的障碍开展系统评价，从而有针对性地制定消除障碍的对策，推动循环经济系统的演进。通过对文献的系统检索，将超越边界的障碍因素从政府、经济、技术、组织、信息、认知与动机、安全 7 个方面进行了识别和归纳，并进而识别了其对应的二级障碍因素。在此基础上，本书综合运用层次分析法（AHP）和优劣解距离法（TOPSIS），构建了 Group AHP-TOPSIS 模型，用来系

统揭示循环经济系统超越边界的障碍。该模型采用 Group TOPSIS Decision 模型对层次分析法（AHP）得到的结果进行整合，包括偏好差异整合、偏好优先级整合和 TOPSIS 整合 3 个步骤。其中，通过偏好差异，有助于突出障碍评价的差异性，使那些真正重要的障碍因素得以显现，从而使评价结果更具有辨识度；偏好优先级可以帮助模型更好地识别那些更重要的障碍。选择化工行业的循环经济系统为案例对该模型进行了实证研究。结果表明，在一级障碍的层面上，排在前 4 位的障碍因素分别是技术障碍（B3）、经济障碍（B2）、安全障碍（B7）和信息障碍（B5）。认知和动机障碍（B6）排在最后，并远远低于其他一级障碍，因此认知和动力障碍的重要程度最低。在二级障碍层面，信息平台障碍（C17）排在第 1 位，是最重要的二级障碍，其他排名前 5 的二级障碍依次是人的安全障碍（C23）、产业链延伸技术障碍（C11）、产品附加值障碍（C7）和生产成本障碍（C5）。从对循环经济系统进行管理的角度来看，通过该模型方法对循环经济系统边界障碍进行综合评价，对消除或管理关键边界障碍具有重要的实践意义。首先，从一级障碍的角度来看，评价结果有助于循环经济系统的管理者及相关政府机构对循环经济系统边界障碍有一个总体的了解，然后将这些障碍聚焦于不同的类别。例如，通过本研究实证分析的结果，管理者或政府机构可以观察到 7 个一级障碍的整体排序，并识别出非常重要的一级障碍，即技术障碍、经济障碍、安全障碍和信息障碍。其次，为应对或消除这些一级障碍，如对于最重要的障碍，即技术障碍，管理者或与技术相关的政府机构可以深入考察技术障碍，并思考如何管理或消除该类障碍。再次，可以帮助管理者确认各种不同障碍的重要程度，并在二级障碍的层面上确定其中的关键障碍。例如，实证研究结果中排名前 5 的二级障碍分别是信息平台障碍、人的安全障碍、产业链延伸技术障碍、产品附加值障碍、生产成本障碍。对这些边界障碍应高度重视并制定实施消除这些障碍的对策。最后，还可以有助于确定某个一级障碍下的二级障碍的相对重要性。以技术障碍为例，技术障碍是最重要的一级障碍，产业链延伸技术障碍是技术障碍中优先级最高的二级障碍，显著高于其他二级障碍（回收技术障碍、资源化技术障碍以及识别和评估产业共生的技术障碍）。这意味着产业链延伸技术障碍应得到更多的重视。这样，管理者可以制订一个全面的计划来管理或消除障碍，也可以制定更具体的措施来消除关键障碍。结合实地调研和实证分析中的具体障碍因素，本书进一步提出了消除循环经济系统边界障碍的相关对策。

6.2 展望

本书从系统边界的视角，阐述了循环经济系统超越边界问题的理论基础和内涵，归纳阐释了驱动因素和驱动机制，构建了揭示循环经济系统超越边界演进过程的模型，建立了对循环经济系统边界障碍综合评价的方法，并结合案例进行了实证研究。在此基础上，还有一些重要的理论和实践问题值得今后深入探讨，主要包括以下 3 个方面。

①组织身份理论应用的进一步扩展。组织身份在组织研究领域正受到越来越多的关注和运用，体现出重要的理论意义和应用价值。本研究运用组织身份理论阐释了循环经济系统超越边界的基本理论问题，包括循环经济系统的组织身份、循环经济系统边界的运行机制，以及循环经济系统超越边界的驱动机制，证实了组织身份对解释循环经济现象的独特作用。今后，可将组织身份理论的应用扩展到循环经济的整体研究领域，全面系统地探讨组织身份与循环经济之间的内在联系，从而进一步丰富循环经济理论体系，并在实践中拓展制定推动循环经济发展政策的视野。

②系统动力学与生命周期分析（LCA）的方法的结合。本研究运用系统动力学方法对循环经济系统超越边界的演进过程进行了表征，通过情景分析，定量揭示了循环经济系统在超越边界的演进过程中，通过建立新的产业共生关系，在能量、固废、废水的利用和共生效益方面的变化趋势。今后在获得更多数据支持的条件下，可将系统动力学与 LCA 的方法进行结合，这将有助于进一步揭示循环经

济超越边界的演进过程中各种不同环境影响类别的变化趋势和特征。

③模型方法结合更多案例的应用。本研究选择化工行业的循环经济系统作为案例进行了实证研究。今后，在获得更多数据支持的情况下，将研究建立的模型方法体系应用于更多的循环经济系统，揭示其超越边界演进过程的变化趋势以及障碍程度的综合评价结果，从而实现更广泛的实际应用价值。